2ª edição – Maio/2025
Do 10º ao 20º milheiro
10.000 exemplares

Coordenação editorial
Ronaldo A. Sperdutti

Capa e projeto gráfico
Juliana Mollinari

Diagramação
Juliana Mollinari

Revisão
Maria Clara Telles

Assistente editorial
Ana Maria Rael Gambarini

Impressão
Centro Paulus de Produção

Proibida a reprodução total ou parcial desta obra sem prévia autorização da editora.

© 2023-2025 by
Boa Nova Editora.

Av. Porto Ferreira, 1031
Parque Iracema
CEP 15809-020
Catanduva-SP
17 3531.4444

www.**boanova**.net
boanova@boanova.net

LOURIVAL LOPES

Preces do coração

editora
otimismo

Dados Internacionais de Catalogação na Publicação (CIP)
(Câmara Brasileira do Livro, SP, Brasil)

Lopes, Lourival
   Preces do coração / Lourival Lopes. --
Catanduva, SP : Editora Otimismo, 2023.

   ISBN 978-65-85198-00-4

   1. Deus 2. Esperança 3. Fé (Cristianismo)
4. Mensagens 5. Meditações 6. Orações 7. Vida cristã
I. Título.

22-137683   CDD-242.2

Índices para catálogo sistemático:

   1. Orações : Vida cristã : Cristianismo   242.2

Inajara Pires de Souza - Bibliotecária - CRB PR-001652/O

Índice dos assuntos

1-Perfeição interior 20

2-Alcance de uma vida alegre..........22

3-Agradecendo a pessoa companheira
....24

4-Proteção aos filhos 26

5-O milagre da transformação íntima..28

6-Solução em Deus 30

7-Tranquilidade nas necessidades .32

8-Melhoria completa 34

9-Tensões do meio 36

10-Realização de um desejo 38

11-Aproveitamento das horas vagas..40

12-Combatendo a ansiedade...........42

13-Compreensão das leis de Deus.44

14-Sustentar o pensamento positivo.46

15-Valor do tempo 48

16-Admirando a Deus.............................50

17-Ampla transformação 52

18-Superando a impaciência 54

19-Temor do envelhecimento e da morte 56

20-Frustração, vazio e desejo de fuga .58

21-Luz na escuridão dos problemas ..60

22-Realização com Jesus 62

23-Vida de paz 64

24-Olhar de bondade 66

25-Bom relacionamento com os outros 68

26-Livrar-se do peso da ingratidão 70

27-Vida equilibrada 72

28-Resistência às provações............74

29-Sono reconfortante e útil 76

30-Transferindo o problema a Deus...78

31-Aproximar-se da verdade 80

32-Combate ao egoísmo..................82

33-Tolerância para com os erros alheios 84

34-Reconciliação 86

35-Louvor a Deus 88

36-Momento de agradecer..............90

37-Evitar a crítica destrutiva...........92

38-Mudar de vida 94

39-Dia de amor 96

40-Dominar o instinto 98

41-Retidão de caráter.....................100

42-Ver as qualidades dos outros.....102

43-Alcançar vida feliz......................104

44-Paz em Deus 106

45-Em busca da paciência 108

46-Colocar o amor na vida 110

47-Aprender a sorrir 112

48-Dependência aos remédios 114

49-Equilíbrio íntimo..........................116

50-Vivendo como uma máquina 118

51-Compreensão para com os outros

....120

52-Aumentar a fé em Deus...............122

53-Exaltação à beleza.......................124

54-Não se opor aos outros 126

55-Reavivar o interior.......................128

56-Mentalização 130

57-Entrega total a Deus 132

58-Desenvolver a humildade 134

59-Aumentar a força interior 136

60-Levantar o ânimo..........................138

61-Dar amor e ter a paz 140

62-Abençoar o dia 142

63-Eliminar a dor 144

64-Receber a força da saúde............146

65-Descobrir a Deus 148

66-Inspiração para resolver os problemas

....150

67-Projetar amor aos orgulhosos ...152

68-Evitar a tendência para a tristeza..154

69-Coragem para resolver problemas

....156

70-Força nas crises.............................158

71-Segurança em Deus 160

72-Livrar-se da preocupação 162

73-Encontrar a solução certa 164

74-Abandonar o vício 166

75-Morte de ente querido 168

76-Ver os outros como amigos........170

77-Dar tempo para a solução aparecer

....172

78-Vencer a dificuldade 174

79-Acreditar na existência de Deus ..176

80-Transformar-se para melhor 178

81-Combater a rotina 180

82-Apreensão quanto ao futuro......182

83-Saber perdoar.............................184

84-Para progredir sempre 186

85-Sustentação em Deus.................188

86-Conquistar o ânimo....................190

87-Realizar-se como pessoa 192

88-Não esperar recompensa pelo bem praticado..194

89-Preparando um bom dia 196

90-Crença em si 198

91-Combater o medo........................200

92-Vencer a timidez 202

93-Acalmar o comportamento........204

94-Proteção divina 206

95-Melhorar a comunicação com os outros 208

96-Obter o autocontrole.................210
97-Despertar forças adormecidas..212
98-Perceber a presença de Deus....214
99-Combatendo o medo de viver...216
100-Libertar-se do pensamento negativo
.... 218
101-Busca da riqueza interior.........220
102-Atuação divina...........................222
103-Falta de dinheiro.......................224
104-Desejo de posse.........................226
105-Tornar-se igual aos outros.......228
106-Vencer o trabalho cansativo....230
107-Deus restaura a esperança.......232
108-Para arranjar emprego..............234
109-Amor em tempo integral..........236
110-Preenchimento de alegria.......238
111-Ligação com Deus......................240
112-Melhorar o pensamento...........242

113-Em busca de Deus......................244

114-Pureza da alma 246

115-Respeito mútuo..........................248

116-Força para evitar o indesejável..250

117-Amar aos outros e a si mesmo..252

118-Abastecimento espiritual.........254

119-Desejo de ver a Deus 256

120-Disposição para trabalhar........258

121-Afastar os problemas 260

122-Pedindo bênçãos para todos...262

123-Lembrando de Deus 264

124-Louvor à Maria 266

125-Busca da perfeição 268

Amigo (a) leitor (a):

Você tem diante dos olhos este pequeno livro que fiz, buscando inspiração, simplicidade e amor. Ficarei realizado nos meus objetivos, se você usá-lo o mais que puder. Carregue-o consigo ou ponha-o sobre a mesa do escritório, no móvel do lar, no porta-luvas do carro, nos lugares de seu permanente e fácil acesso. Abra-o ao acaso, se o desejar. Se encontrar alguma prece cujo assunto lhe interesse, mas que, ainda, não consegue exercitar-se com proveito, repita-a várias vezes até que as palavras ali contidas se afirmem em sua mente e produzam os resultados esperados. Isso se aplica, também, no caso de querer corrigir uma deficiência na forma de pensar e agir, bastando escolhê-la no índice dos assuntos.

As preces aqui contidas devem ser utilizadas como um estímulo à sua oração. São uma ajuda, um caminho, uma iluminação para você. É a oração feita por você mesmo(a), partida do seu coração, que tocará a Deus e receberá a justa resposta. Ensinou-nos muito bem o Mestre Jesus: "dar-te-ei as chaves dos céus: o que ligares na terra, terá sido ligado nos céus; e o que desligares na terra, terá sido desligado nos céus". (Mt. 16:19): Elas significam que o Poder Cósmico, Divino, Infinito se movimenta a nosso respeito de acordo como pensamos e agimos.

Estamos ligando e desligando a toda hora, no lar, no trabalho, no trato com os outros. Se formos ricos na forma de pensar e agir, em sentido de saúde, alegria e esperança, seremos conduzidos à elevação, à paz, à felicidade. Se formos pobres, fixos na doença, no desânimo, na tristeza, iremos concretizá-los no escorrer da vida, convertendo-nos em escravos do sofrimento. Tudo, pois, depende de nós.

Os assuntos não abrangem todas as situações da vida diária, mas preparam o pensamento e o sentimento para elas. Lendo-as, meditando-as, fazendo-as, você vai modificando os níveis de consciência e, quando menos esperar, terá sofrido transformações que lhe propiciam resolver o problema com calma e firmeza. Acontece mesmo de a calma e a firmeza que você tem na solução de uma dificuldade terem vindo de uma prece feita para outro assunto. As ideias e os sentimentos fortalecem-se e espraiam-se na solução dos problemas de maneira impossível de se definir. Por isso, confie e espere. A prece que você faz com intensidade e amor merece de Deus a resposta que melhor se ajusta ao seu caso.

A prece tem um valor ilimitado. Nunca chegaremos a entender toda a sua extensão e consequências. Ela repercute em Deus, em Jesus e nas grandes Almas que realizam a vontade superior e se movimentam a benefício de quem ora. Transforma as situações, aperfeiçoa as metas de vida, traz a calma, abre as portas ao entendimento da realidade material e espiritual. Continue orando, trabalhando e esperando, porque você encontrará à frente os boníssimos frutos das preces que fez.

Saiba confiar nos resultados da prece. Faça-a habitualmente, uma ou mais vezes ao dia, até que você se desvencilhe do egoísmo, do desânimo, da tristeza e construa permanente paz e alegria. Uma verdadeira ligação com Deus, mesmo que seja por breve instante, pode transformar por completo a sua vida. Isso porque, no momento da ligação, do contato, há um desprendimento da energia divina que vem beneficiar você. Esse prodígio se dá com a rapidez do relâmpago e com uma força poderosíssima. As mudanças nem sempre são perceptíveis de imediato. Às vezes demoram, mas já estão agindo em você. Podem vir através das palavras de pessoa amiga, de um aviso, de um alerta ou despertar íntimo ou de uma evidência externa.

Se um só contato com Deus é importante, imagine-se que poder fantástico tem o hábito da prece! A oração feita regularmente, com louvor, respeito e amor, transforma profundamente o seu íntimo. Faz encontrar dentro de si uma saúde vibrante, uma inteligência estável e completa, um sentimento desprendido e uma esperança contínua que, por si mesmos, lhe bastam.

Desejo paz e alegria a todos e sou muito agradecido aos que colaboraram na elaboração deste livro.

O autor

Preces

– 1 –

Ó Deus!

Com sinceridade e ânimo, quero vasculhar o meu mundo interior à procura de imperfeições e de virtudes. Assim, firmarei a minha paz e a grandeza de espírito. Com aguda atenção e demorada análise, vou anotar onde tenho vícios, erros, desrespeitos, desamor, mau costume, crítica, ciúme, ódio, inveja e anulá-los mediante constante trabalho. Para eliminá-los, usarei de forte confiança em mim mesmo, como filho Teu que sou. As virtudes encontradas serão objeto de alegria, humildade e gratidão. Dessa varredura no mundo interior e da eliminação das imperfeições sobrará um amplo espectro de paz, que me levará à iluminação e me abrirá os portais da felicidade. Todos os dias trabalharei no meu burilamento íntimo, por julgar-me pessoa amorosa e capaz. Agradeço-Te o que já sou e me uno integralmente a Ti, com concreta esperança no coração. Obrigado! Obrigado!

- 2 -

Senhor!

Apesar dos bens materiais, tenho andado opresso e quase infeliz. Necessito alcançar uma vida alegre e esperançosa, buscar algo mais elevado, que corresponda aos meus anseios de paz. Desperta-me para os valores espirituais e os sentimentos de amor e de serviço, que me levantarão a confiança nas minhas qualidades e virtudes, livrando-me da dependência aos bens materiais. Conseguindo firmar a minha segurança íntima sobre as qualidades e capacidades, terei encontrado nova disposição para viver. A partir de agora, estabelecerei permanente ligação Contigo e buscarei, em primeiro lugar, valorizar o que respeita a fraternidade, a sabedoria e a paz. Como resultado, aparecerá em mim a alegria e a felicidade. Sei que esta virada na forma de pensar exigirá o meu esforço, mas, com a Tua complacência, atingirei meus novos objetivos. Obrigado! Obrigado!

– 3 –

Senhor!

Agradeço-Te a pessoa que me deste por companhia. Companheira ou companheiro, ouve-me as queixas, suporta as minhas exigências e participa das minhas horas tristes e alegres. Dividimos os cuidados com os filhos, a pressão do meio, as dificuldades financeiras, os reclamos do trabalho. Tenho dito palavras que a ferem, deixado de lhe dar atenção e carinho, desabado sobre ela o meu sistema nervoso, as minhas fraquezas e intolerâncias. Confesso-me em falta com ela, por me haver prendido mais aos seus defeitos do que às suas qualidades.

De mente fixa no que é prejudicial e negativo, torno-me cego e aumento o circuito do desentendimento, respondendo a críticas com críticas, a ofensas com ofensas. A partir de agora, porém, vou me esforçar ao máximo para descobrir as qualidades que ela tem e, sempre e sempre, dar-lhe compreensão e um bom sorriso. Obrigado! Obrigado!

– 4 –

Ó Deus!

Olha para os meus filhos. Fortifica-os para que cresçam felizes e tenham olhos que lembrem a tranquilidade de um lago, a firmeza do rochedo e a luz da esperança. Dá-lhes uma saúde integral, uma inteligência completa e um sentimento vivo. Põe nos seus corações a reverência aos Teus ensinamentos, o respeito aos outros, o amor ao trabalho, a dedicação ao estudo, a candura e a obediência. Para tornar-me digno deles e não lhes transmitir nervosismo, desajuste, tristeza, medo ou maldade, envolve-me em tranquilidade, equilíbrio, alegria, coragem e bondade. E ensina-me a descobrir as virtudes que eles têm, a elogiá-los sem exageros e a corrigi-los com sabedoria. Em primeiro lugar, pois, modela-me a alma grande e generosa, para amá-los na semelhança do Teu amor. Obrigado! Obrigado!

- 5 -

Ó Deus!

Não preciso de milagres para acreditar em Ti. Nem de um fantasioso sinal dos céus ou algo espetacular. Nas grandes tormentas, não vejo o Teu castigo; nas grandes dores, não encontro a causa em Ti; nas perdas, não Te atribuo a culpa; nos meus erros, não Te pertence a deficiência. A luz do sol, a chuva, o ar puro, o meu corpo, a minha mente, já me bastam como fantásticos milagres que retratam o poder da Tua presença. Mas há um milagre que me interessa e preocupa: o do meu crescimento interior, e só eu posso fazê-lo. Tu me deste as condições suficientes para me converter de ignorante e obscuro em sábio e brilhante. Com arrojo, usarei convenientemente dos valores da inteligência e do amor e realizarei o milagre de uma transformação duradoura. Acalentado de firme esperança, vencerei barreiras, corrigirei falhas, superarei fraquezas e atingirei a plenitude de grandeza do meu espírito. Obrigado! Obrigado!

– 6 –

Meu Deus

Acredito firmemente que Tu estás dentro de mim, fazendo com que o meu coração bata e o sangue circule nas veias. Eu Te aceito, quero-Te impulsionando todo o meu ser. Acredito também que Teu agir dentro de mim, divino e maravilhoso, visa a melhorar a minha vida e levar-me à completa felicidade. Como meu maior amigo, interessas-Te por tudo o que se passa comigo, reservas uma boa solução para os meus problemas, nascidos da ignorância e da ilusão e me perdoas a cada instante, sem que disto me aperceba. Amas-me, eu sei. Apresenta-me, pois, Senhor, uma solução para os problemas que ora enfrento e dá-me a sabedoria e o equilíbrio para evitá-los de futuro. Deposito as angústias, deste momento, nas Tuas mãos e espero confiante. Agradeço-Te as inspirações que me dás e o que fazes por mim. Obrigado! Obrigado!

– 7 –

Senhor!

Faze-me tranquilo nas necessidades. Tenho necessidades, como as de trabalhar, de comprar, de pagar, de estar presente e de solucionar problemas. Perante o que fazer, fico indeciso e intranquilo; sinto-me incapaz e a esperar o insucesso. Mas tenho que mudar isso. Sou inteiramente capaz! Tenho a competência, a qualidade, a inteligência, a saúde, a disposição e as coisas são perfeitamente realizáveis. Revisto-me, pois, neste instante, da poderosa força que nasce de Ti e passo a considerar insignificantes as minhas tarefas e compromissos, pois que posso realizá-los a tempo e a hora. Com este novo pensar, transformarei inimigos em amigos; o que comprar, o que fazer, o que cumprir, serão ações agradáveis; viverei aliviado de tensões, problemas, angústias. Compreendo, agora, que tudo colabora para o meu engrandecimento íntimo, ensejando-me um futuro de dias alegres e noites tranquilas. Obrigado! Obrigado!

– 8 –

Senhor!

Quero obter uma melhoria ampla, profunda, que me toque por dentro e por fora, que me eleve a saúde, o sentimento, o pensamento e me faça sentir mais capaz, mais inteligente e virtuoso. Para ter mais saúde, mentalizo uma luz penetrando meu corpo e eliminando traumas e imperfeições. Idealizo sadios os meus pés, as minhas pernas, o meu abdômen, a minha caixa toráxica, a minha cabeça. E suas partes menores: nos pés, focalizo as unhas, os dedos, as veias, o calcanhar e, assim, o corpo todo. Mentalizo o cérebro demoradamente. Estou melhorando o pensamento, o sentimento e aprimorando o meu relacionamento com os outros. Estou a caminho da perfeição. Tenho fortes qualidades ainda não desenvolvidas e a força da inteligência e do amor capazes de me levar às mansões do Infinito, onde resplandecerei junto a Ti. Assim creio. Obrigado! Obrigado!

– 9 –

Senhor!

Livra-me das tensões do meio. Em torno de mim, tanta correria, agitação, nervosismo, atropelo. Está presente a exigência, a reclamação, a insatisfação, a irritação, o ódio, a ansiedade, a angústia. Encontro-me frente aos desafios e tenho que resistir. A raiva me chama para a raiva e, assim também, a impaciência, a violência, a maledicência. São fortes influências do mal que precisam ser anuladas no meu laboratório interno. Minha grandeza nasce nessa luta íntima e na capacidade de transformar o ódio em amor, o erro em verdade, a treva em luz, o desânimo em esperança, a tristeza em alegria. Mas somente a Tua presença em mim, o Teu amor, a Tua sabedoria me dão força da tolerância e do entendimento. Eles me fazem acreditar na minha capacidade, vibrar de agradecimento a Ti e me sentir feliz por estar vencendo limitações e deficiências. Obrigado! Obrigado!

– 10 –

Ó Deus!

O meu coração suspira pela realização de um desejo. Tenho necessidade de que o concretizes, o quanto antes. Por isso, rogo-Te que olhes com compaixão para esse meu propósito, abençoes o tempo e o faça tornar-se realidade. Ele não visa a prejudicar ninguém. Venho, confiante, depositá-lo em Tuas mãos. Mentalmente, digo-Te, agora, qual ele é e me vejo escrevendo-o num pedaço de papel. Em seguida, remeto-o na Tua direção, onde, estou certo, o recebes e aprovas. Sempre que possível e reverentemente, repetirei esta operação mental, como quem despacha uma carta pelo correio e espera a resposta. Aceito qualquer desfecho e me ponho à espera, tranquilo, convicto de que o analisas com profundo amor e elaboras a solução de acordo com as minhas reais necessidades. Em Ti ficam as minhas mais caras esperanças. Obrigado! Obrigado!

– 11 –

Senhor!

Ensina-me a aproveitar as horas vagas. Compreendo que se as utilizar para me opor aos outros, ou a mim mesmo, serei levado à incerteza, ao medo, à tristeza, ao pessimismo e até à violência. Se as usar para o descanso da mente ou para admirar a beleza do mundo e das pessoas, estarei dando-lhes boa destinação. Mas, melhor ainda, será servirem à uma reflexão sobre o que venho fazendo e como venho me situando perante a Ti, ou no trabalho e no lar. Espero, Senhor, aprender muito com as horas vagas. Aliviarei o meu campo íntimo, meditarei sabiamente e farei bons planos de progresso. Rogo-Te iluminação nessas horas e que, mediante a Tua bênção, os meus planos se transformem em realidade e eu possa vencer toda a pobreza material, mental e espiritual. Sustenta, pois, o meu pensar e o meu sentir, a fim de que, pelas horas vagas, cresçam em mim a bondade e a sabedoria. Obrigado! Obrigado!

- 12 -

Senhor!

Defronto-me com a ansiedade que me aperta o peito. Ela me traz doída expectativa e anula o meu pensar tranquilo. A falta de direção mostra-me um caminho de precipício. Compreendo, no entanto, que, mediante a força do Teu amor, estarei a salvo desse sentimento. Por isso, agora, na Tua presença, reconheço estar sendo invadido de renovada esperança, revestindo-me de forte confiança no amanhã, o que afasta a ansiedade. Refletindo melhor, compreendo ser a ansiedade uma criação minha nascida no agasalho que dou às tristezas, às revoltas, às queixas, às palavras irrefletidas que se unem, avolumam-se e se abatem sobre mim mesmo. São o rescaldo dos meus pensamentos negativos. Mas, com o Teu amparo, eu jogo para bem longe essas imperfeições e inicio, neste instante, uma vida enriquecida na fé, na esperança, na bondade e na caridade. Obrigado! Obrigado!

- 13 -

Ó Senhor!

Experimento uma sensação de perda e de ansiedade que me entristece. Tenho a impressão de estar deixando de fazer o que devia, de não estar andando na direção certa, de carregar o que não devia; algo assim. Mas, agora, conversando Contigo, percebo ser esta sensação resultado de uma falta de compreensão das Tuas leis de amor. Se me deixo absorver no espírito destas leis, ajusto-me ao ritmo da vida abundante, cósmica, pura, eterna e afasto a sensação ruim. Quero, portanto, adequar minha forma de pensar e de agir em base de paciência, de alegria, de esperança e fazer permanente exercício de agradecimento pelo muito que recebo. Quanto mais Te agradecer, inclusive os problemas, ganho a certeza de viver acertadamente. Louvo, pois, a magnitude de Tuas leis de amor e seguirei Contigo, dando passos seguros para a paz completa, sem sentimentos estranhos e perturbadores. Obrigado! Obrigado!

- 14 -

Senhor!

Entendo que encontrarei o resultado daquilo em que pensar. É como a semente que produz o fruto de sua espécie. Se me ligar à tristeza, ao pessimismo, ao materialismo, ao egoísmo, irei aprisionar-me a uma esquema de pensamentos de dor. Para ser alegre, confiante e pacífico são necessários pensamentos de alegria, de saúde e de paz, que são positivos. Tudo isto compreendo. A dificuldade está em me manter otimista em meio aos desafios. É uma luta comigo mesmo: permanecer positivo diante do universo negativo que me cerca. E é para obter esse equilíbrio e essa resistência que Te suplico calma, inteligência e um espírito de análise das coisas. Quando eu estiver a ponto de sucumbir, sustenta-me. Fecunda a minha mente com ideias altruístas e verdadeiras. Espero em Ti e estou certo de que, se pensar positivamente, abrevio o meu encontro com a verdadeira paz. Obrigado! Obrigado!

– 15 –

Senhor!

Dá-me um perfeito entendimento do valor do tempo. A planta germina no momento certo, a florada aparece na época apropriada e os frutos não vêm antes da hora. Assim também, no meu viver. Mas, às vezes, quero fazer o tempo marchar a meu gosto e, quando isto não acontece, sou levado à impaciência e à incompreensão. Quando for obrigado a mudanças profundas, ou a enfrentar situações que demandam tempo, espero ter a paciência e o entendimento necessários, a fim de colher ensinamentos úteis, capazes de me levar aos portos da serenidade e da sabedoria. Nenhum acontecimento vem para me prejudicar, bem sei. Tudo são testes, aferições e ensejos de melhoria geral. Por isso, agradeço-Te os patrimônios do tempo e quero, a partir de agora, ficar ajustado ao ritmo dos acontecimentos, sem reações negativas, nem queixumes de qualquer espécie. Obrigado! Obrigado!

- 16 -

Senhor!

Sublima a minha mente, para que eu possa subir mais, ver e admirar-Te no que tens de esplendor e de virtudes. Acalenta o meu espírito nos ideais de fraternidade e de justiça. Envolve-me no Teu perfume e garante o meu equilíbrio frente as investidas do mal. Dá-me o vigor da mocidade, mesmo na velhice. Coloca na minha fronte os ideais imorredouros, para que me entregue a Ti inteiramente. Desperta, do mais profundo do meu ser, a esperança que me sustente nas lutas que tenho pela frente. Em Tuas mãos deposito minhas melhores esperanças e me redobro a trabalhar e a servir sem esmorecimento, certo de que, plantando, espalhando o bem e caminhando, vou construindo a vitória espiritual que me traz a saúde e o pensamento higienizado. Busco, pois, a tranquilidade de espírito e antevejo o dia da felicidade que se aproxima. Obrigado! Obrigado!

– 17 –

Senhor!

Tu me conheces. Adentras o meu ser e vasculhas os meus pensamentos e sentimentos mais profundos. És Tu que me fizeste gente, fazes-me viver e me esperas para um amoroso abraço. Para o encontro Contigo, suplico que Te aprofundes em mim e me procedas uma ampla transformação. Quero amar e pensar alto, sem descer a mesquinharias que me podem aviltar e infelicitar. No momento em que eu estiver animado pela Tua força, estarei recebendo as virtudes que Te pertencem e ficarei resguardado dos males do mundo. Estou seguro de que, pelos fios do amor que me dedicas, trazes-me a paz, a paciência, a humildade, abres-me as boas perspectivas do futuro e isolas-me da doença, do desânimo, da revolta, da descrença. Por isso, quero conservar-me unido a Ti. Através desta união, conseguirei desvencilhar-me das amarras do mundo e edificarei uma vida de real equilíbrio e alegria. Obrigado! Obrigado!

– 18 –

Senhor!

A impaciência me angustia o espírito. Já procurei acalmar-me, sem o conseguir. Lembrei-me, no entanto, de Ti, que és meu maior refúgio e esperança. Teu maravilhoso amor tem o poder de transformar os acontecimentos. Qualquer problema, por maior que seja, se colocado em Tuas mãos, terá encaminhamento e solução. Por isso, confiante, venho depositar nas Tuas mãos o meu problema. Passo-o a Ti certo de que, a partir de agora, agirás sobre todos os seus meandros e farás sobrevir a solução adequada. Descarrego, assim, as atenções que vinha tendo sobre ele e alivio o meu sistema nervoso da necessidade de encontrar a solução. Qualquer desfecho será aceito por mim, com serenidade e agradeço, desde já, o Teu amor que desvenda o que não tenho podido desvendar e me ajuda em todas as dificuldades. Obrigado! Obrigado!

– 19 –

Senhor!

Não temo o envelhecimento e a morte. Voltando os meus olhos para Ti, estou a demonstrar saúde, vigor, esperança e fecho a mente aos pensamentos de destruição, rebaixamento, tristeza e dor. Ainda que o corpo demonstre sinais de cansaço, reconheço-me como ser espiritual e eterno, que não é pó da terra. Estou a preparar resplandecente luz interior e, por isso, recuso-me a aceitar a decadência, contrária aos Teus planos. A natureza se renova a cada dia e o sol surge revigorado no horizonte, distribuindo vida e saúde. A noite chega e brilham as estrelas.

Na Tua obra estão a beleza, a eternidade, o amor e a luz perenes. Sou uma dessas Tuas criações e estou, também, a caminho do aperfeiçoamento, revestido de luz, de vida e de paz. Assim penso, do meu levantar até ao dormir e, reconhecido a Ti, vou-me firmando na esteira da felicidade. Obrigado! Obrigado!

– 20 –

Senhor!

Cheguei a um ponto em que não consigo enxergar nenhuma beleza na vida. Parece-me que as criaturas e as circunstâncias me hostilizam. Sinto que de nenhum lugar recebo afeto e compreensão. O panorama da minha alma é de intensa frustração, de um vazio e de um desejo de fuga. No estado em que me encontro, a alegria e a paz parecem sem consistência. No entanto, não perdi a fé! E é nesta fé em Ti, Senhor, que me seguro neste momento. Com esta fé eu sei que chegarei à transformação. Sei, também, que à medida em que eu Te mentalizo, abençoando-me, vou conseguindo mudanças profundas, sem que as perceba de imediato. É a Tua luz e a Tua alegria que me trazem equilíbrio ao espírito. Só a lembrança de Ti já me produz mudanças. Recebo uma nova energia que me fortifica e me transforma. Agradeço-Te, pois, as modificações que realizas em mim e seguirei meu caminho com mais alegria e paz. Obrigado! Obrigado!

- 21 -

Ó Deus!

Encontro-me como num quarto escuro. Por todo lado, a escuridão. É a sensação que tenho por não encontrar solução para os meus problemas. Preciso de uma réstia de luz que me clareie os fatos, mostre-me por onde devo começar e o que devo fazer. Por isso, confiando que Tu podes iluminar minha mente e enviar-me as sugestões mais apropriadas e acertadas é que recorro a Ti, como meu Pai e grande Amigo. Para receber a Tua inspiração, elevo o meu pensamento. Manifesto, agora, o meu reconhecimento pelo

Teu amor que me protege. Demoro-me pensando nesse Teu amor. Percebo que de Ti sai uma vibração que se encaminha na minha direção. Recebo esta bênção que se introduz na mente e vai fortalecendo a minha forma de pensar. Cada vez mais esta intuição me diz que as soluções não demorarão a surgir. Ficarei pensando até que tudo seja equacionado e resolvido. Obrigado! Obrigado!

- 22 -

Amado Jesus!

Neste momento, vem a mim! Tenho ânsia de encontrar-Te nas veredas do pensamento, divisar clara a Tua excelsa figura, olhando para mim, no doce e suave magnetismo do olhar profundo que substancializa de amor os mais secretos pensamentos e desejos. Tu me entendes e o Teu olhar de compreensão anula os meus sofrimentos, realiza as minhas aspirações, desperta-me a felicidade. Por isso, Jesus, procuro realizar-me atraindo-Te a mim. Nesta hora, neste exato momento, penso que me envolves com a Tua presença, pões a mão sobre mim e me abençoas amplamente. O meu ser – corpo, mente, alma – está sendo abençoado por Ti. Tua santa bênção, Jesus, significa para mim disposição para resolver problemas, alegria, otimismo, confiança em mim e em Ti para sempre. Obrigado! Obrigado!

– 23 –

Ó Deus!

Ensina-me a viver em paz. Paz, para mim, significa a ausência de conflitos internos, reconhecimento da minha força interior, disposição para agir e servir, esperança de uma vida mais rica e um progredir infinito. Para encontrar essa paz, pretendo posicionar-me bem perante os acontecimentos e ficar imune às investidas do mal e do egoísmo. E, para alcançar firmeza no raciocínio e bondade no coração, preciso de Teu permanente amparo e o entendimento de Tuas sábias leis. Quero ser envolvido, agora, pela Tua presença, no perfume do Teu amor, na claridade da Tua luz e no calor da Tua alegria. E, para tê-los comigo, mentalizo-os penetrando em mim, abundantemente, até no mais profundo e eliminando as impurezas mentais, orgânicas e espirituais que ainda tenho. Confortado pela Tua presença, vou abrindo os portões da paz, onde permanecerei para sempre. Obrigado! Obrigado!

– 24 –

Ó Deus!

Quero olhar o mundo com bondade. Um olhar de bondade vê ignorância onde há crueldade; carência afetiva, onde há revolta; necessidade, onde há crítica; fragilidade, onde há ciúme; desejo de afeto, no arrogante; doença, no que odeia e falta de paz, no que oprime. Só o olhar de amor vê o sentimento escondido e me faz compreender as necessidades dos outros. É, também, o olhar amoroso que me salva das ondas do pessimismo, da critica, da revolta, da frustração e me preserva do egoísmo, do materialismo e da influência do mal. Esse olhar fortifica-me na alegria e na paz, descortina-me horizontes de uma vida fecunda e me coloca a salvo da solidão e da tristeza. Reveste-me, pois, do Teu olhar de bondade que vence o problema difícil, a crítica destrutiva, a maledicência e desperta a compreensão para com os outros. Obrigado! Obrigado!

- 25 -

Ó Deus!

Reveste-me de mente aberta e alegre, no meu relacionamento com os outros. Preso às confabulações íntimas, trancado, preocupado, indeciso, deixo de soltar o sorriso franco, de olhar com real amizade, de escutar com calma e de falar com inteligência. Necessito da Tua voz na minha consciência, a me avisar quando vou entrando na onda do mal e da preocupação, ou me centro demasiadamente sobre mim mesmo. É para este momento, para este aviso interior, que busco o reforço da Tua voz. Se muito tenho a dar aos outros, eles, também, podem enriquecer-me com conhecimentos e bons sentimentos. Relacionando-me bem, passo a viver contente e esperançoso, melhoro a disposição para o trabalho e conquisto uma saúde firme e completa. Com a Tua bênção, sustentando-me, com a Tua luz, iluminando-me e com a Tua alegria, contagiando-me, seguirei feliz pela estrada da vida. Obrigado! Obrigado!

– 26 –

Senhor!

Livra-me da ingratidão. Mediante o bem praticado, esclarece-me o espírito para que eu não venha a aguardar qualquer reconhecimento ou agrado, e nem me frustre. Compreendo que, desaparecendo a expectativa, principalmente a da correspondência de afeto, fico liberto do peso de me considerar vítima da ingratidão. Mas, para sustentar esse tipo de pensar, preciso da força interior que só Tu me podes dar. Preciso aceitar cada pessoa conforme a sua competência e forma própria de ação, sem obrigá-la a fazer como gosto. Nesse sentido, lembro-me do Teu exemplo, Jesus, quando, tendo recebido a ingratidão e o castigo, da parte dos homens, voltaste na ressurreição, com luz e alegria, sem proferir palavras de condenação. Também eu espero continuar na luz e na alegria, beneficiando a quem precisar e sem esperar entendimento, ajuda ou recompensa. Obrigado! Obrigado!

– 27 –

Senhor!

Não posso viver às tontas. Tenho urgente necessidade de uma vida equilibrada, justa e livre de dúvidas, assim como os que falam na hora certa, têm opiniões definidas, sabem esperar, comportam-se com dignidade e vivem felizes. Reconheço que tenho condições para reverter o sentido da vida e estabelecer nova estrutura mental, formada de princípios elevados, mas preciso da luz do entendimento e da paz que vêm de Ti. Com esse Teu suporte tudo me será fácil; nas situações difíceis, Tu me apontarás a saída. Meus problemas são insignificantes para Ti, pois até o Universo conduzes por leis sábias e justas. Aí está a Terra a fazer a volta em torno do sol, sem impedimentos. Eu também estou sujeito às Tuas leis e quero viver com certeza e rumo. Tomo, agora, a decisão de amar e servir e me firmo em Ti, com obediência e retidão de intenções. Com essa disposição, passo a sentir minha transformação. Obrigado! Obrigado!

– 28 –

Senhor!

Dá-me o espírito de resistência perante as lutas que tenho pela frente. Quando surgir a dor, o obstáculo, a dificuldade, o problema, bafeja-me na fragrância do Teu amor. Não me deixes entregue à perturbação mental que destrói a harmonia interna, leva ao egoísmo e a um beco de treva e sofrimento. No meio da luta, quero estar firme, compreensivo e inteligente, encarando com tranquilidade e coragem os acontecimentos que trazem confronto, imposição, dificuldade. Peço-Te ter sempre presente o entendimento do imenso valor da minha vida, que está posta em Tuas mãos e obedece a elevados objetivos, que ainda não posso compreender. Refreia-me a impulsividade, a intolerância, a revolta e impõe-me a calma, a alegria e a paz. Assim fazendo, obedeço à marcha da vida e progrido sem interrupção. Obrigado! Obrigado!

- 29 -

Senhor!

A noite chegou e apronto-me para dormir. Quero ter um sono que me restabeleça o vigor do corpo e da alma. Com o teu consentimento, os bons desejos, formulados ao dormir, tornar-se-ão realidade, pela força do mecanismo subconsciente da lente. Aspiro a encontrar o meu perfeito equilíbrio, acalmar o sistema nervoso, aumentar a inteligência, despertar mais amor e conseguir indispensáveis melhorias materiais. Assim, elevo a Ti o meu pensamento e digo para mim mesmo que sou feliz e tenho saúde abundante. Todo o meu corpo está sem distúrbios. Sou inteiramente livre, vivo em tranquilidade, ajudo aos que precisam de mim, julgo-me belo e sem defeito, tenho ideal e mente viva, capaz de resolver problemas. Adormeço pensando em Ti, convicto de que trabalhas por mim, enquanto durmo. Agradeço-Te, de coração, esta noite e deposito em Ti as esperanças do meu amanhã. Obrigado! Obrigado!

– 30 –

Ó Deus!

Sinto-Te presente dentro de mim. Tu és a vida que corre pelas minhas veias, fazes o meu coração bater, alimentas o meu pensamento. Também és a força, a coragem, o desprendimento, a alegria que repousam no meu interior. Sem Ti, sou como a árvore sem vida, o rio seco, o dia sem a luz, a noite sem estrela. Mas, mesmo pensando assim, tenho um problema a me preocupar. Estou convencido de que, pela Tua ação, ele se resolverá, se esvanecerá como a bolha de sabão que estoura e some. Nisto acredito com todas as forças do meu espírito. Tanto assim é que, reverente e humilde, vou transferi-lo a Ti, neste momento. Faço dele um embrulho. Vejo-me amarrando-o, bem amarrado. Está lacrado, firme, fechado. Recebe-o, agora, Deus. Está em Teu poder. Não me pertence mais. Agradeço a solução. Obrigado! Obrigado!

– 31 –

Ó Deus!

Aproxima-me da verdade. É fadiga da minha mente estar distante da verdade. Não procuro a verdade humana, cheia de imperfeições, de erros, de falsidades. Estou atrás da verdade completa, espiritual, eterna. Quero jogar para bem longe a teia das vacilações, dos medos, das frustrações, da omissão, do orgulho e construir para mim um mundo real, firme, positivo, concreto, em que sedimente, a cada dia, princípios valiosos e normas de vida corretas e dinâmicas. Tenho perfeita ciência de que esta verdade pura, que busco, trabalhará dentro de mim, construindo uma nova personalidade, forjando uma consciência mais elevada, firmando o equilíbrio e despertando uma alegria que traz o gosto de viver. E ela me fará livre do peso dos dias e dos anos e de uma vida que se acaba com a morte. Obrigado! Obrigado!

- 32-

Senhor!

Não me deixes ser presa do egoísmo. Hoje compreendo que, vendo o mundo num lance de mesquinho interesse, aniquilo progressivamente a capacidade de raciocinar e me deixo dominar pelas baixas impressões do desejo e da intolerância. Situado na satisfação do desejo de ter, de divertir, de ser compreendido, de ser amado, de ser assistido, de ser ouvido, de ser seguido, vou reduzindo a beleza e a magnitude do pensar livre e abundante. Diminuo a capacidade de compreender os outros, de confiar na vida, de confiar em Ti e de me manter alegre e saudável. O egoísmo me esmaga o pensamento, faz descarregar vibrações desagradáveis no meu corpo e produz as doenças. Dá-me, Senhor, a força de vencer o egoísmo e o máximo de confiança em mim mesmo, sustentando-me a mais pura esperança, pois tenho verdadeira fé em Ti. Obrigado! Obrigado!

– 33–

Ó Deus!

Faze-me tolerante para com os erros dos outros. Às vezes, quando menos espero, estou acusando ao que erra. Isso acontece no lar, no trabalho, na rua. Sofrem os meus parentes, amigos e desconhecidos. Destes últimos, então, não tolero a menor falha. Quando assim procedo, saio prejudicado, revoluciono o cérebro, faço o coração bater descompassado e jogo uma carga negativa sobre os nervos. Para corrigir-me, quero, daqui para frente, pensar antes de emitir juízo. Na hora exata, lembrar-me-ei deste compromisso e evitarei o descontrole emocional.

Entendo que todas as pessoas são como eu, que têm defeitos e virtudes e que não gostam de ver seus defeitos ressaltados e intolerados. Diante do erro alheio, serei paciente e não deixarei que as ondas do nervosismo e da impaciência tomem conta de mim. Obrigado! Obrigado!

– 34 –

Senhor!

Como ofendi alguém, dá-me a disposição para fazer a reconciliação. Não posso carregar essa dor. Todos merecem a minha amizade e também eu careço da amizade de todos. Preciso resolver essa situação e acalmar o espírito. Faze com que, quando o encontrar, possa dar-lhe um sorriso que traduza a minha disposição para reconciliar. Se ouvir palavras desagradáveis, dá-me paciência com o desabafo que nos pacificará. Não quero machucar os outros com minhas palavras e atos. Quero concórdia e alegria. E, para obtê-las, preciso estar com a mente ligada a Ti; ora em preces, ora no trabalho, ora na conversação amistosa. Abençoa-me os propósitos de viver em paz com todas as pessoas e não me deixes sair deste caminho, mesmo que as circunstâncias sejam desfavoráveis. Agradeço-Te tudo o que me dás. Obrigado! Obrigado!

- 35 -

Ó Deus!

Tu és a luz do Universo, a maior energia que existe, a substância de todo bem. Nesta hora, venho expressar o meu louvor à Tua grandeza. Tudo criaste, desde as estrelas colossais até os mais ínfimos seres. A Tua vibração, infinitamente boa, penetra todo o meu ser; vasculha, sustenta, harmoniza os meus mais íntimos pensamentos e sentimentos. Não estou aqui para Te pedir coisa alguma material, porque conheces as minhas necessidades, até as pequeninas que eu mesmo desconheço. Vim para louvar a Tua infinita bondade, Tua luz, Teu poder que reconheço estarem, também, implantados no santuário da minha consciência. Guia, Pai, os meus passos, abençoa as minhas mãos, levanta os horizontes do meu pensamento, ilumina a minha alma, abre-me a esperança da vida melhor. Obrigado! Obrigado!

– 36 –

Senhor!

Quero desfrutar deste momento para agradecer. Quero manifestar a certeza de que a vida caminha para melhor e que todas as coisas que me acontecem são para o bem, ainda que revestidas de tristeza e dor. Por isso, eu Te agradeço as dificuldades no trabalho, porque me fortalecem a paciência; as intrincadas situações do lar, porque treinam o meu espírito no exercício do amor; a correria a que estou obrigado, porque me desenvolve a inteligência; a falta de dinheiro, porque me faz compreender as necessidades de milhões. Eu Te agradeço a fé que me acalenta a alma, porque me leva a Ti; a esperança, porque põe em prontidão as forças do meu espírito e me dão o prazer de viver. Sobretudo, agradeço a certeza de que Tu estás comigo em todas as horas, porque estou convicto de que, em tempo algum, ficarei desamparado. Obrigado! Obrigado!

- 37 -

Senhor!

A crítica que faço aos outros é a mesma que me destrói. Eu sinto isso, quando emito o juízo condenador e destrutivo e as ondas mentais negativas me contaminam, antes de serem encaminhadas na direção daquele que é alvo da crítica. Percebo claramente que a crítica no lar inibe o desenvolvimento da criança, tolhe a expansão do bem-estar e da criatividade até dos adultos. Faz nascer a revolta e a desordem, tornando a família propensa às vacilações. É agente perturbador do trabalho, impedindo a harmonia e consagrando o arbítrio. Mas, mesmo assim, às vezes critico. Por isso, Senhor, livra-me de criticar. Que eu não abra a boca para proferir condenação, mas que ao contrário, reconheça que todos temos defeitos. Faze com que a minha presença seja sempre conciliadora, trazendo-me aos lábios as palavras de incentivo e paz. Obrigado! Obrigado!

- 38 -

Senhor!

Meu espírito rebela-se contra a tristeza, a miséria, as incompreensões, as amarguras, a espera de facilidades materiais, de diversões, de vícios. Quero preencher-me de uma esperança completa, mudar de vida, estar atento a coisas novas e edificantes. Não posso suportar o jogo das palavras interesseiras, marcadas pelo egoísmo e carregadas de ciúmes e ardis. Com todas as forças do meu espírito, desejo ser diferente, abandonar a casca da materialidade e revestir-me da suave túnica da espiritualidade. Por isso, suplico-Te modificações completas, abundantes, que me sacudam as forças íntimas e elevem os meus pensamentos às alturas. Deposito em Ti, assim, as minhas esperanças mais caras e me debruço sobre os dias que virão, confiante que trarão a paz, a alegria e a luz de uma nova vida. Obrigado! Obrigado!

- 39 -

Senhor!

Neste dia, quero amar a todos, recebê-los com carinho, ouvi-los com atenção, dar-lhes o que de bom carrego comigo. Neste dia, quero olhar com ternura, falar com mansidão, escutar atentamente, transmitir concórdia, dar um abraço afetuoso, uma palavra de estímulo, propagar que Tu existes, que és a alegria plena e que amas a todos. Não quero pensar em nada negativo, nada que oprima, diminua e fira os outros. Somente quero as Tuas vibrações de luz, de amor e de sabedoria, que agora me demoro a contemplar para melhor assimilar e transmitir aos outros.

Este dia será marco no meu progresso espiritual, início de uma transformação profunda. Vou, a partir deste dia, valorizar mais os ideais de amor e de justiça, pensar nas necessidades dos outros. Resplandeça, pois, a Tua luz em mim e elimina as inquietações que possam estar escondidas no meu campo íntimo. Obrigado! Obrigado!

– 40 –

Ó Deus!

Liberta-me da tirania do instinto que me impede os voos na Tua direção. O instinto me rebaixa e me escraviza ao sexo, ao orgulho, à vaidade, ao vício, à corrupção. Torno-me um joguete, incapaz de libertação. Este instinto nasce nas entranhas do meu ser, da mesma maneira que ali nascem a vocação para a liberdade, a necessidade da fé e a grandeza da esperança. E é para esse ponto mais íntimo que encaminho agora os meus pensamentos de resistência, de disposição de dominar-me e de construir, mesmo frente às dificuldades mais fortes, um futuro de paz. Fortalece-me nestes propósitos. Que eu possa olhar sem cobiça ou ambição, trancar a palavra ferina e montar um esquema de defesa íntima. Dá-me ampliada visão do bem, do valor do amor e da paz e sustém-me em pé diante da influência do vício e das más companhias. Obrigado! Obrigado!

– 41 –

Senhor!

Dá-me a retidão de caráter. Reconheço que, ao ferir uma pessoa, firo também a Ti, que estás dentro dela. Ferindo-Te, machuco a mim mesmo, porque Tu estás também dentro de mim e a Tua essência é a mesma em todos. A minha realidade interior reflete-se na consciência, onde resplandece as Tuas virtudes. Assim, estão colocadas dentro de mim a bondade, a harmonia, a alegria, a paz. A nobreza de caráter é o ajuste do meu pensamento a essas qualidades, cuja violação me põe infeliz e exige a retificação, no fogo da experiência e da dor. Por isso, suplico-Te luz e entendimento, para que possa manter postura correta perante os outros e a mim mesmo, evitando os maus pensamentos. Tendo o caráter reto e firme, conquisto, cada vez mais, a paz e a alegria e me preparo para a felicidade completa. Obrigado! Obrigado!

– 42 –

Ó Deus!

Dá-me da Tua bênção e faze com que eu possa aceitar os outros tais como são. Preciso ter um olhar paciente para com as fragilidades deles e a maneira de se comportarem, diferente da minha. Se agissem como quero, talvez perdessem a disposição, a habilidade e o jeito de ser. Quanto mais fico a lhes apontar erros e defeitos, colaboro para torná-los ampliados. Sei, também, que sempre que lhes apontar as qualidades e as excelências do caráter, e o fazer com sinceridade e moderação, colaboro para aumentá-las. Tenho necessidade, apenas, da resistência interior para evitar a crítica e a censura. Quando for indispensável uma correção, dá-me o amor para que não lhes violente as consciências, nem ganhe um inimigo. E, para isso, Senhor, suplico-Te equilíbrio, amor e compreensão. Obrigado! Obrigado!

– 43 –

Senhor!

Sou obrigado a confessar-Te que não vivo feliz. Gostaria de alcançar uma vida melhor, ter paz, alegria permanente, segurança de raciocínio. Gostaria de ver abrirem-se as minhas qualidades, ainda presas pela minha errônea forma de pensar. Quero arrebentar as correntes que me prendem, superar os entraves, manobrar as forças da alma para conseguir um preenchimento de alegria, um constante progresso; deixar para trás a vida de problemas, tristezas, vacilações e medos. Preciso da Tua bênção, da Tua mão generosa pousada sobre a minha cabeça, fortificando os meus pensamentos e destronando o pessimismo. Abençoa-me e faze projetar para o mais fundo de mim uma força e uma compreensão novas; uma esperança firme que me possibilite ser outra pessoa daqui para frente. Agradeço-Te o dom da vida e as possibilidades de crescimento interior. Obrigado! Obrigado!

– 44 –

Ó Deus!

Preciso da Tua paz. Talvez não haja ninguém mais necessitado do que eu. Meu coração Te espera, meu pensamento Te solicita. Sem Ti, desoriento-me, não sei qual o caminho a tomar. Distante da Tua vibração de amor, fico solitário, medroso e infeliz. Sou, diante de Ti, como o solo bruto aquecido pelo sol. Mediante a Tua influência, o coração bate forte, o pensamento se equilibra, abre-se uma esperança que me acalenta o espírito. A paz surge renovada, profunda, imperturbável. Jorra, pois, ó Deus, para dentro do meu ser, a paz que me faz ver mais longe, falar com mais acerto, ouvir com mais perfeição, andar com passos mais firmes e trabalhar com mãos mais prestimosas. Agradeço-Te profundamente o dom da vida e a certeza de meu contínuo crescimento espiritual. Obrigado! Obrigado!

- 45 -

Ó Deus!

Ante as situações que me sufocam a alma, reveste-me de paciência. Ante a doença que me chicoteia o corpo, cobre-me com a resignação e desperta-me a grandeza interior. Ante a ofensa que me faz tremer o espírito e acorda a revolta que dormita no fundo do ser, segura a minha palavra e impede as fagulhas do meu olhar, para que não retribua o mal com o mal. Ante os que não me compreendem, ou me desprezam e criticam, dá-me a tolerância, para ver neles a falibilidade humana e as malhas da ignorância. Diante da fraqueza, do medo e da solidão, fortalece-me a compreensão de que nunca estou só; Tua força poderosa sustenta-me, a partir do mais profundo de mim. Ensina-me, também, a preparar o futuro, a usar bem do presente e a não ficar preso aos erros do passado. E, desta forma, agindo, trabalhando e tolerando, seguirei avante, debaixo da Tua luz. Obrigado! Obrigado!

- 46 -

Ó Deus!

Preciso colocar o amor na vida. Venho recebendo os reflexos de uma vida de pouco ou sem amor. Compreendo que, se trato bem a alguém, retorna-me bom tratamento; se lhes dou o desprezo, a inveja, o orgulho ou a violência, recebo-os de volta. Como sou carente de afeto, de atenção, de otimismo, tenho que doar isto aos outros. Amando-os, sou amado. Para amá-los, devo considerá-los meus irmãos e filhos Teus. Enxergar a Tua presença neles a tal ponto que, quando estiver na presença deles, eu me sinta na Tua presença; quando os ajudar, não veja nisso um favor. O amor que vem de Ti é o único que me abre os horizontes da vida e melhora o meu relacionamento com os outros, pois me traz segurança e alegria. Por isso, peço-Te que me mandes as energias do Teu amor que, devassando o meu ser, faz-me feliz e realizado. Obrigado! Obrigado!

– 47 –

Senhor!

Ensina-me a sorrir. Sem querer, deixo de emitir o sorriso, tranco-me, reservo-me. De outras vezes, sorrio seco, inexpressivo, fora de hora. O sorrir exige meu domínio interior, comunicação, amor. É um projetar e um desdobrar do espírito, que reclama a pureza e o prazer de servir. E é para alcançar essa pureza de alma que me ligo a Ti, neste momento, através dos fios do pensamento. Tu és o vibrar da vida, o ponto de chegada e de vitória, a sustentação da alegria e da paz. Acreditando assim, peço-Te a força que me proteja da tristeza, do desrespeito aos outros; que me faça olhar diretamente nos olhos deles, sentindo-os como irmãos, estimulando-os com um sorriso. Sorrindo para os outros, é para Ti que sorrio. Recebo, agradecido, as forças generosas que vêm de Ti e que me estimulam a sorrir. Obrigado! Obrigado!

– 48 –

Ó Deus!

Livra-me da dependência aos remédios que me faz supor um doente. Ela é produto da falta de confiança em mim, da deficiência em querer proteger-me com ajutórios externos. Não necessito deste tipo de socorro. Tenho na mente a fonte da saúde, que torna desnecessários os remédios. Os pensamentos de fé, de esperança, de paz, de amor ao próximo encaminham para o meu campo interior vibrações que o estabilizam, afastam a gripe, a dor de cabeça, o mal-estar e outros desequilíbrios. Reafirmo, agora, que tenho a farmácia divina em mim.

Mentalizo que estou ingerindo comprimidos de bondade, de alegria, de paz, que se expandem no meu interior e me trazem uma certeza de saúde permanente. Sempre que possível, imaginarei que estou tomando desses comprimidos e permanecerei em normalidade mental, física e espiritual. Obrigado! Obrigado!

- 49 -

Senhor!

Tenho três regiões cerebrais, por onde posso transitar. A primeira, a mais elevada, é a dos ideais superiores, como a fraternidade e o amor. A segunda, intermediária, é a da razão. A terceira, a inferior, é a dos impulsos. A primeira, eleva-me aos céus; a segunda, equilibra-me no mundo e a terceira, me chama à animalidade. São o meu futuro, o meu presente e o meu passado. Se me localizo unicamente nos ideais superiores, perco o reforço da experiência; se me prendo apenas à razão fria, escravizo-me aos objetivos imediatistas e, se me fixo na dos impulsos, lanço-me num incompreensível mundo de causas e efeitos. Dá-me forças, Senhor, para saber balancear meus patrimônios íntimos, de modo a aproveitar a potencialidade dos ideais, usar a razão com sábio equilíbrio e aprimorar os instintos. E, para ser feliz, demandarei à região superior, cultivando, a cada dia, mais amor e entendimento. Obrigado! Obrigado!

- 50 -

Senhor!

Não me deixes viver maquinalmente, sem sentimentos, sem aberturas, sem esperanças, com um vazio que aperta, tolhe e infelicita. Não posso viver assim. A Tua voz me diz que existem novas estradas por onde andar. Dependendo do meu esforço, uma nova visão da vida se abre e se materializa. Sinto isso nas entranhas do meu ser como querendo pôr abaixo as minhas resistências na preguiça, no vício, na revolta. Estou necessitado das Tuas vibrações calmantes e levantadoras das forças. Atua, portanto, em mim e desperta as minhas qualidades, fortifica o meu pensamento, equilibra o meu sentimento e faze-me melhor a cada momento. Quero estar Contigo, abastecer-me e re-abastecer-me na Tua luz e no Teu amor. Suprido interiormente, vou desmontando a máquina em que me converti e me transformando em gente que vibra, espera e confia. Obrigado! Obrigado!

- 51 -

Senhor!

Dá-me maior compreensão para com os outros. Que eu possa enxergar além das aparências e entender o que carregam no fundo do ser. Não me deixes ficar irritado ante o olhar frio e a palavra rude, que escondem apenas sofrimento e revolta; nem frente ao gesto nervoso, porque oculta ansiedade ou angústia. Não me deixes ficar descontente com os esquivos, porque carregam a timidez. Não me deixes ficar indignado com a crítica destrutiva, porque reproduz a insegurança do seu autor. Não me deixes ser atingido pelos que me desprezam, porque agem temendo a minha presença. Quero compreendê-los melhor e olhá-los como Tu os olhas, por dentro, no que de melhor pensam e sentem. Com este olhar verei que são Teus filhos e que têm a luz e a vida que vêm de Ti. De visão ampliada, obterei, também, maior entendimento de mim mesmo e corrigirei minhas imperfeições. Obrigado! Obrigado!

- 52 -

Ó Deus!

Quero confiar mais em Ti. Sei que Tua presença está, verdadeiramente, dentro de mim; que fui criado por Ti e que até hoje sou sustentado pelo Teu amor. A água, que criaste, mata a minha sede; o alimento, que fazes brotar da terra, mantém o meu corpo; o sol, que sustentas no espaço, acalenta-me. Por isso, preciso ter mais fé em Ti. Nem sempre tenho tido força suficiente para vencer as dificuldades, exatamente por falta dessa força, dessa fé. Alivia o meu espírito de todo mau pensamento, a fim de que eu possa ressaltar o lado bom de todas as pessoas, coisas e acontecimentos. Que a alegria, a confiança e a certeza de dias melhores firmem-se dentro de mim. A partir de agora, acredito que todas as pessoas têm qualidades e que tudo que me acontece vem para o meu próprio bem. Obrigado! Obrigado!

– 53 –

Senhor!

Estou aqui para exaltar a beleza, porque ela reflete a Tua presença. Vejo-a no firmamento, na luz do dia, na natureza e nas coisas aparentes. Há, porém, uma beleza especial, que me chama a atenção: a do mundo interior. É importantíssimo reconhecer sua existência, tão esquecida pelos homens. Ela também marcha para a perfeição, vibra, expande-se, aprimora-se, resplandece. Esta beleza íntima dá expressão e sentido à minha beleza externa. Por isso, coloco-me diante de Ti para louvar a beleza que há em mim e que é uma manifestação da Tua beleza cósmica, luminosa, eterna. Ao reconhecer que há beleza em mim, animo-me a viver digna e alegremente, passo a sentir o prazer da Tua presença e me encorajo no sentido de aumentá-la cada vez mais. Obrigado, Senhor, porque possuo a beleza interior e estou a caminho da perfeição. Obrigado! Obrigado!

– 54 –

Senhor!

Dá-me firmeza interior, para que não me oponha aos outros. Às vezes, quando não fazem o que quero, fico revoltado e infeliz. Raciocinando claramente, porém, reconheço que, se tenho liberdade para ser como sou, para aceitar ou não o que os outros me dizem ou fazem, também eles possuem a mesma liberdade. Tenho que respeitá-la, assim como quero ser respeitado. Preciso silenciar diante da ofensa ou da opinião contrária, refletir e usar do meu potencial de bondade e de compreensão. Isso me aumentará o equilíbrio interior, fazendo-me a vida melhor. Exige-me esforço, bem sei. Mas, faze-me, Senhor, aceitar os outros como são, sem enxergar-lhes os defeitos, assim como Tu que me amas, apesar das minhas deficiências. Penso aceitá-los e Te peço reforçar o meu espírito para levar adiante esta intenção, geradora de paz e alegria. Obrigado! Obrigado!

– 55 –

Ó Deus!

Tua essência e Teu poder se manifestam no meu interior. No fundo, a minha vida é a que vem de Ti. Sem Ti, não posso apreciar as belezas do mundo. Mas não tenho podido pensar em Ti. Minhas ideias negativas, tais como uma nuvem escura, impedem esse contato e fico isolado das virtudes que tens. Perco a alegria, a confiança, o otimismo, desiludo-me das coisas boas. Enfraqueço-me. Procuro-Te, por isso, agora, com as minhas forças mais profundas, para poder reavivar meu campo interior e fazer despertar tudo de bom que trago adormecido. Desperta-me a esperança e a confiança em dias melhores. Atua no meu coração. Faze, ali presentes, a alegria, a coragem, a disposição de servir. Conserva-as em mim, para que eu veja um mundo novo. Entrego-me em Tuas mãos e recosto-me ao Teu coração. Quero amar a todos e ser feliz. Obrigado! Obrigado!

- 56 -

Ó Deus!

Permita-me um exercício de mentalização. Corpo repousado e relaxado, mente tranquila, apronto-me para esta viagem. Vejo-me sossegado, respiro profundamente. Estou saindo em direção a um bosque, que mais se mostra à medida que me aproximo. Entro. As altas árvores e o chão verde, com flores por todo lado, dão-me uma sensação muito agradável. Magníficos os raios do sol por entre o arvoredo! O ar leve e perfumado invade e purifica os meus pulmões. Respiro. A alegria e a paz penetram-me profundamente. Demoro-me a contemplar este bosque e a sentir o ambiente de beleza e acolhimento. Estou livre de qualquer pressão ou problema. Brota-me um sentido de vida mais amplo, uma vontade de trabalhar, de servir e de transmitir aos outros o que carrego por dentro. E, assim, espero fazer. Agradeço-Te a ventura deste momento. Obrigado! Obrigado!

– 57 –

Ó Deus!

Venho entregar-me a Ti de corpo e alma. Acomodo-me da melhor maneira possível. Solto os braços, as pernas e bem apoio a cabeça. Estou pronto e penso em Ti. Imagino-Te como um grande sol, de onde partem raios reconfortantes, penetrantes, saudáveis! Vou mentalizando esta deslumbrante luz, que enxergo em beleza e perfeição. Seus raios aproximam-se de mim. Começo a senti-los como preciosa energia a agir na mente, dissolvendo desejos pecaminosos, artimanhas, vícios, frustrações, pensamentos estes sombrios e negativos. A Tua luz higieniza, limpa todo o meu cosmo mental. Respiro profundamente, retenho e expiro o ar com lentidão e vou prosseguindo, sentindo a luz que trabalha em mim. Noto que existe uma boa diferença entre o que era antes e o que sou agora. Estou mais tranquilo e Te agradeço por isso. Obrigado! Obrigado!

- 58 -

Senhor!

Desenvolve em mim o espírito de humildade. Afasta de mim o orgulho, para que me sinta uma pessoa comum, dentro do lar, no local de trabalho, nos relacionamentos, na diversão. Refreia os meus impulsos de superioridade e deixa-me nivelado aos demais. Não quero estar em concorrência com eles. Todos temos direito às mesmas oportunidades de trabalho e de vida. Recorro a Ti, pois, pedindo implantar a humildade dentro de mim. Ser humilde, compreendo, não é ser subserviente ou adulador, é ser obediente às Tuas leis de amor, que foram colocadas por Ti na minha consciência, com alta finalidade. Reveste-me, Senhor, com a força da humildade. Ela me equilibrará na comunicação com os outros e me capacitará a avançar na Tua direção, com alegria e paz. Fará aumentar a compreensão de que sou Tua criatura e o respeito aos outros, abrindo-me o desejo de servir. Obrigado! Obrigado!

– 59 –

Senhor!

Nesta hora, quando o mundo se movimenta e se transforma, venho pedir-Te o prodígio da Tua força para que, penetrando em mim, possa levantar-me o ânimo e sustentar-me na luta que levo adiante. Compreendo, agora, mais do que antes, que de Ti vem essa força, porque és o único e verdadeiro poder. Sustentas o céu estrelado, o sol, a Terra e fazes prosseguir a vida. Preciso muito dessa Tua força. Sem ela, fico fraco, incapaz de vencer as dificuldades que me aparecem. Mas, crendo firmemente que a Tua força está posta dentro de mim, formo as condições da fortificação íntima, torno-me resistente e compreensivo e fico livre de todo temor. Com esta crença em Ti, prossigo, Senhor, o meu caminho, animado de fé, confiança e determinação. Agradeço a Tua presença em mim. Obrigado! Obrigado!

- 60 -

Ó Deus!

Gostaria de estar aqui, agora, com o coração feliz. Gostaria de Te dizer que amo todas as pessoas e que vejo a beleza das flores, mas não posso. Mesmo assim, não desisti da fé. Compreendo que isto passa mediante a Tua influência que, em forma de bênçãos, vier a envolver a minha cabeça e o meu coração. Para essa mudança, basta-me reconhecer sinceramente que tens existência real, que és de fato a alegria, a paz, a felicidade. Com esse objetivo, entrego-me a Ti, neste momento. Mentalizo as forças positivas do amor e da paz, penetrando em mim e higienizando o meu íntimo. Esta suave energia age sobre o meu negrume interno, dissolvendo os recalques, os ódios, os medos, os ressentimentos, as ansiedades, as angústias. Por onde passa, transforma o mal em bem e me faz renascer a esperança, em forma de novos pensamentos e sentimentos. Obrigado! Obrigado!

- 61 -

Jesus amigo!

Venho ligar-me ao Teu infinito amor em busca de melhoria para o meu estado espiritual. Reconheço que a Tua santa bênção pode transformar e aliviar qualquer um que, em Ti, buscar socorro. No meu caso, sinto que serei mais feliz se amar aos outros, relacionar-me melhor com eles, participar da vida deles, com maior compreensão, ser mais atento e menos egoísta. Mas, para viver em paz com os meus semelhantes, preciso haurir forças em Ti. Entendo que a ação amorosa deve partir de mim. Eles me entenderão e me amarão na conformidade da compreensão e do amor que lhes der. Vou, daqui para frente, amá--los mais. E peço-Te, Jesus, a força para levar avante esta intenção. Abençoa estes propósitos que me aumentarão a paz interior e me colocarão no caminho da felicidade. Obrigado! Obrigado!

– 62 –

Senhor!

Cuida do meu dia. Desafoga a minha cabeça de todos os problemas e não me deixes o pensamento prender-se a coisas fúteis, ao orgulho, à maledicência, ao pessimismo. Que o meu trabalho seja construtivo, no qual possa tratar a todos com atenção, com um sorriso nos lábios. Que, onde eu estiver, olhe diretamente nos olhos das pessoas, para senti-las e compreendê-las; que não fale antes da hora, nem seja exigente em demasia, relaxado ou displicente. Que, especialmente no meu lar, mantenha permanente atitude de compreensão e carinho, calando a palavra que fere, servindo e compreendendo as necessidades dos familiares. Sobretudo, Senhor, lança sobre mim os raios luminosos da Tua presença, que me fortalecem e tranquilizam, fazendo deste um dia inesquecível. Obrigado! Obrigado!

– 63 –

Ó Deus!

Venho sentindo a dor física. A dor angustia o meu espírito e torna difícil o raciocínio. Retira-me o ânimo, constrange, aperta e traz desilusão. Devo reconhecer, mesmo com dificuldade, que toda dor é passageira, o que começa a me consolar. Mas preciso eliminá-la depressa e para isso recorro a Ti. Imagino, agora, um facho luminoso, saindo das Tuas mãos em direção a esta dor. Sinto agindo o poder da Tua luz, eliminando a dor, adentrando e revitalizando as células, envolvendo o lugar com ação balsâmica e anestesiante. Permaneço pensando que melhorias estão acontecendo e prossigo com exercício. Considero-me possuído da Tua força, o que me conforta enormemente e afasta os maus pensamentos. Fico o máximo possível neste preenchimento interior e chego ao ponto de agradecer a presença da dor, que me educa. Obrigado! Obrigado!

– 64 –

Senhor!

Envia-me a força da saúde. Minha mente é capaz de enviar ao corpo emissões de melhora, mas precisa da força que vem de Ti, que a sustenta, retempera, renova e eleva. Tu és vitalidade, esplendor, alegria e a ninguém queres doente. Por isso, mentalizo a força da saúde, nascendo em Ti e tocando em mim. Energia de alta potência atinge todas as minhas células, órgãos e sistemas; elimina toxinas e impurezas. Demoro-me na contemplação desta força maravilhosa que regulariza o meu organismo. Focalizo, agora, a parte mais afetada. Vejo, calmamente, a força da saúde, dirigindo-se para este ponto, penetrando e restabelecendo a normalidade. Repetirei este exercício sempre que necessário, certo de que, quanto maior a fé, mais obterei êxito. Fortifica a minha mente e abençoa-me. Agradeço-Te a força da saúde. Obrigado! Obrigado!

– 65 –

Ó Deus!

São incontáveis as vezes em que Te tenho deixado para trás. Ao invés de buscar-Te nas coisas do espírito, venho procurando só o que é da matéria, do mundo. Talvez, por isso, haja asfixiado o coração, resultando-me as dores e frustrações. Sei que no Teu mundo de amor não existe dor, nem tristeza. Permite-me participar do Teu mundo, Pai. Dá-me a confiança em mim mesmo. Tu me concedeste o de que mais preciso: mente para pensar e agir acertadamente, coração para conduzir-me ao amor. Por isso, desejo, a partir deste momento, ver nos outros só o que de bom eles têm, senti-los meus verdadeiros irmãos, amá-los, servi-los. Cala minha boca de toda palavra que possa feri-los. Essa, a forma de chegar a Ti e adquirir paz e saúde. Quero ter profunda confiança em Ti, acordar cada dia com alegria e otimismo. Obrigado! Obrigado!

– 66 –

Senhor!

Encontro-me diante de um problema, que não consigo solucionar. Sei que o grau de dificuldade de um problema varia de acordo como é enfrentado. Atacado com coragem e determinação, torna-se de fácil resolução e se esvai completamente. Se enfrentado timidamente, mostra-se endurecido e resistente. Tenho disposição e coragem para resolver o problema, mas não sei o que fazer, como, quando e por onde começar. E o meu problema não é dos que se resolvem por si mesmos, com o tempo. Necessito, pois, de inspiração para encontrar a solução adequada e acalmar o meu sistema nervoso. Concede-me esta inspiração, Senhor. Tenho resoluta confiança em Ti, pois a consciência me diz que Tu és sabedoria e o amor perfeitos. Estou cheio de fé e tranquilo espero as melhorias que virão. Obrigado! Obrigado!

- 67 -

Senhor!

Há os que me olham com orgulho. É um olhar frio, distante. Surge-me vontade de me afastar e de retribuir com o mesmo orgulho, ou com a vingança. Mas só tem olhar frio os que carregam frieza por dentro. Não me considero assim. Vejo-me bem intencionado e sem ódio. Tenho muito a dar e gostaria de melhorar o meu relacionamento com quem estiver em contato. Como me sinto tranquilo e amoroso, encaminho meus pensamentos de calma e de bondade na direção de uma pessoa em particular. Vejo-a recebendo essas emissões mentais, quebrando o gelo, tornando-se receptiva e com transformações interiores que desabrocham num sorriso. Assim espero esteja na realidade. Agradeço a Ti a colaboração que posso dar na melhoria dos outros e me rejubilo porque me forneces as condições de vitória. Obrigado! Obrigado!

- 68 -

Senhor!

Ensina-me a evitar a tristeza. Sem sentir Tua amorosa companhia, poderei estar só em plena multidão e vazio por dentro. Tu és alegria e estás sempre dentro de mim, bem sei. Por estar descuidado, não Te procuro como deveria, deixando penetrar em mim a tristeza, a solidão, o medo, o pessimismo, a frustração, a ansiedade, a angústia. Dá-me força para resistir à tendência para a tristeza e ver-me preenchido pela alegria e pelo amor. Que evite ser egoísta, faça sobressair as qualidades dos outros. Não me analise como vítima do mundo, dos acontecimentos, nem guarde lembranças amargas. Assim, suplico-Te que, neste instante, faças espalhar pelo meu corpo e pela minha alma muita alegria e amor. Tu és o meu maior amigo, não estou esquecido por Ti e não tenho nenhum motivo para ficar triste. Obrigado! Obrigado!

– 69 –

Senhor!

Busco a intimidade de minha alma, neste instante, apara abrir os caminhos e resolver meus problemas. Tu és fonte que me sustenta, a razão de ser de minha vida e estás atuando dentro da minha consciência. Sinto que preciso seguir os Teus ensinamentos, mas as asperezas do mundo têm-me afastado de contemplar a Tua face. E eu sigo sentindo grande necessidade dessa Tua paz, que abre os caminhos. Lança, Senhor, o Teu olhar sobre mim e faze-me firmar a compreensão de que não há problema sem solução. Entendo que essa solução depende de como encaro o problema. Se com medo, ele cresce e se agiganta; se, com coragem e determinação, fica pequeno e desaparece. És Tu que me concedes a força para enfrentar os problemas com essa decisão e coragem. Abençoa-me. Obrigado! Obrigado!

- 70 -

Pai Celeste!

No momento em que a crise chegar, em que minhas forças se afigurarem poucas e minha alma tremer, faze-me sentir Tua sublime energia a me sustentar e a me trazer calma e paz. Suplico-Te, Pai, que me ponhas a Tua santa mão sobre a cabeça, para que eu possa vencer todos os problemas que surjam. Suplico-Te, também, que me dês a garantia da Tua presença em todos os instantes da minha vida, para sentir-me seguro e tranquilo. Glorifico, neste momento, o Teu santo nome e reconheço o Teu esplendor. Sinto-me feliz porque meus pensamentos se encaminham na Tua direção, recebem energias em abundância e se fortalecem para a vida. Louvo, pois, com todas as minhas forças, o Teu maravilhoso poder renovador e sustentador do mundo e das pessoas. E julgo-me, neste momento, imerso na Tua paz. Obrigado! Obrigado!

– 71 –

Ó Deus!

Venho procurar o Teu afago, como a criança que abre os braços ao pai ou à mãe e traz o coração tomado de alegria e esperança. Quanto mais me aproximo de Ti, opera-se em mim uma transformação maravilhosa. Passo a sentir melhoras, um estado de alma novo, fortificado, confiante. Minha mente se revitaliza e os pensamentos de altruísmo, bondade, competência, nela se instalam. Os sentimentos se estabilizam, consigo maior equilíbrio. Sou, do fundo do coração, gratíssimo à Tua bênção que me levanta as forças. Sinto-me alimentado com as doces vibrações do Teu espírito, que percorrem o meu corpo e me abrem a esperança no dia de amanhã! Como me sinto bem ao contemplá-Lo! Quero, a partir de agora, distribuir com os outros um pouco do muito que de Ti tenho recebido. Obrigado! Obrigado!

– 72 –

Ó Deus!

Tenho andado preocupado e tenso. Angustiam-me as providências a tomar, os serviços a executar, o horário de comparecimento ao trabalho, o olhar dos meus chefes, a necessidade da roupa melhor, a saúde e o remédio a tomar, os cuidados com a família, a dificuldade econômica e tudo o mais que Tu conheces. Quero, agora, varrer da minha mente toda preocupação. Mentalizo os meus pés descansados e soltos; partindo dali, vou subindo e idealizando sãos e tranquilos todos os meus órgãos e membros. Dou especial atenção ao cérebro.

Imagino-o sadio, eficiente, livre de fadiga, gerando paz para o sistema nervoso. Penso, agora, que, como venci até hoje, vencerei sempre. Deixo para cada dia o cumprimento das necessidades próprias. Nada tenho a fazer e a temer. Agradeço Tua proteção e me sinto penetrado pela Tua energia tranquilizadora. Obrigado! Obrigado!

– 73 –

Pai Celeste!

Não desconheço que Tu existes. Tenho religião, fé e esperança. Sei que estou amparado por Ti e que um dia serei muito mais feliz do que agora. No entanto, vejo-me diante de um problema que não descubro como solucionar. São vários os caminhos que tenho pela frente e fico indeciso qual tomar. Preciso que me inspires o pensamento para encontrar a direção certa. Nesse sentido, esforço-me agora e penso no meu problema, globalmente, e o envio a Ti, na forma de um feixe de pensamentos que chega até o Teu coração. Demoro-me idealizando-o como sendo aceito. Vejo também que, em resposta, emana de Ti uma luz esclarecedora que, tocando a minha mente, começa a agir e a fazer aparecer a verdadeira solução. Levarei comigo esta luz. Vou trabalhar, dormir e me levantar com ela. A partir de agora não só este, mas todos os problemas, estão solucionados. Obrigado! Obrigado!

– 74 –

Senhor!

Afasta-me do vício. O que me parecia uma prazer, quer manter-me preso, submisso, envergonhado, reduzido como pessoa, infeliz. No entanto, resisto. Antes de tentar, parece-me que deixar o vício vai trazer um sofrimento que não serei capaz de aguentar. É só uma impressão que se dissipará ante as minhas forças, aumentadas por Ti. Como o vício está mais na mente do que no corpo, vou eliminá-lo com a fé em Ti e nos meus recursos mentais. Imagino-me agora, deixando de tomar a droga, de fumar, ou de beber. Vejo-me em luta comigo mesmo, vencendo o impulso que me parecia irresistível, triunfando sobre os desejos, sensações e vontades nascidas do vício. Descubro em mim forças desconhecidas que aguardavam ser solicitadas e despertadas e demoro-me na contemplação da vitória. Farei esta meditação outras vezes e antevejo minha completa libertação. Agradeço-Te, Senhor, a força invencível. Obrigado! Obrigado!

- 75 -

Senhor!

Estou diante de um ente querido que morreu. Um sentimento de
perda, de ausência, de separação
aperta-me o coração e me leva a
pensar. Antes, a animação, a alegria, a vivacidade. Agora, os olhos
fechados, a boca silenciosa. Difícil
aceitar a paralisação da vida. Mas,
refletindo, começo a compreender
que a vida continua, pois infinito
é o Teu amor e nada fazes de im-
perfeito ou errado. Pressinto haver muita alegria e movimentação
além do túmulo. O espírito, dono
deste corpo, retorna experiente sofrido, renovado, ao seu verdadeiro

mundo. Devo, pois, ver com tranquilidade e aceitar, sem reclamações, a morte desta pessoa querida. Espero mesmo que, um dia, com a Tua permissão, possa reencontrá-la; nós ambos, alegres e felizes! Estou mais confortado e elevo a Ti o meu pensamento, louvando o Teu amor. Obrigado! Obrigado!

- 76 -

Senhor!

Preciso corrigir o hábito de pensar que os outros não gostam de mim. Frequentemente, deparo-me assim e me sinto impuro, instável e culpado. Sou levado a uma série de pensamentos que me trazem desconforto e tristeza. Por isso, quero repensar minhas atitudes. Tenho que segurar o impulso diante do olhar, das palavras e dos gestos dos outros; deixar de desconfiar, de malquerer, de invejar, de enxergá-los como adversários. Eles são, como eu, sujeito às circunstâncias. Nada fazem por mal. Ignoram o valor do bem, apenas. Quero, por isso, vê-los como irmãos, olhá-los diretamente nos olhos, conhecê-los melhor, estimá-los como merecem. A partir de agora, não os verei como inimigos. Ao invés de criticá-los, vou ajudá-los nas suas necessidades. Mantém, pois, em mim, Senhor, esta intenção, para que eu tenha o desfrute do prazer da boa amizade e da fraternidade. Obrigado! Obrigado!

– 77 –

Ó Deus!

Preciso aceitar que certos problemas não são resolvidos de pronto conforme a minha vontade. Esta necessidade de espera, como no caso do problema que estou enfrentando, aperta-me o coração, angustia-me. A situação exige o meu domínio, mas vou superá-la. Necessito para tal das forças de suporte que me podes dar. Consola-me saber, desde logo, que mesmo a maior complicação sofre mudanças através do tempo, acomoda-se, resolve-se. Por isso, quero dar tempo para que Tu ajas. Dá-me paciência, firmeza e uma forte confiança que me acalme o espírito. Com a Tua energia, penetrando em mim, torno-me capacitado a esperar com tranquilidade e confiança. Coloco-me à disposição do Teu amor, convencido de que a solução que vier é a que achaste melhor para mim. Obrigado! Obrigado!

– 78 –

Ó Deus!

Como criatura que nasceu da Tua vontade, estou perfeitamente capacitado a vencer os empecilhos da vida, bastando-me haurir forças em Ti. Por isso, peço-Te me dês a força a ser usada perante as dificuldades. E gostaria de começar a vencê-las a partir desta que tenho pela frente. Esta dificuldade desafia a minha capacidade, impacienta-me, retira o meu equilíbrio. Mas, com a força que vem de Ti, superarei. Se este for daquele tipo de problema cuja solução demanda tempo, suplico-Te a calma. Só de possuir a calma resolvo a maior parte dele. Manifesto a Ti, mesmo com esforço, o meu agradecimento por estar perante entraves difíceis, porque são eles que me treinam a personalidade e me engrandecem o caráter. Agradeço-Te, sobretudo, a compreensão que adquiri sobre como se manifesta a Tua vontade a meu respeito. Obrigado! Obrigado!

– 79 –

Ó Deus!

Venho à Tua presença, compelido por velhas crenças que me deixaram uma vaga certeza de Tua existência. A pressão do mundo, dos problemas, é tão forte que me faz quase descrente. E, sendo assim, deixo de orar, não pratico as boas ações, vivo sem paz. Mas não posso continuar assim. Preciso de um conforto, de uma direção, de uma firmeza maior. Então, estou aqui. Procuro firmar a mente em Ti e mentalizo a Tua mão estendida sobre a minha cabeça, irradiando uma bênção, uma vibração, uma energia nova que me penetra mais e mais, transformando o estado interior. Continuo focalizando a Tua presença e me vejo tocado pela brisa suave do Teu amor. Tu continuavas me amando, mas eu havia Te esquecido. Agradeço-Te a sensação que me dás e a certeza que me despertas de estar endireitando a minha vida. Obrigado! Obrigado!

– 80 –

Deus!

Senhor da Vida e Poder do Universo, envia-me a força da transformação para que eu tenha melhorias que resultem numa situação bem diferente da atual. Que, aliado a esta Tua força, eu encontre a resistência na hora da prova, o alento na do desânimo, a alegria na da tristeza, a paz na do desajuste. Desperta-me também o entendimento para o verdadeiro significado da vida e para o valor do que é espiritual, despregando-me da matéria, que acaba. Levanto, neste momento, os olhos na Tua direção, cheio de esperança e compreendo que, mantendo-me ajustado ao Teu amor, nenhum mal me sucederá, nenhum abalo será capaz de me derrubar; terei constante saúde física, mental e espiritual. Agradeço a presença que em mim se faz da Tua força, o que me alegra o coração e me sustenta o pensamento na mais alta compreensão. Obrigado! Obrigado!

– 81 –

Senhor!

Há momentos em que a rotina me aborrece. As mesmas coisas, as mesmas pessoas e o mesmo serviço cansam-me o espírito. Dão-me a impressão de inutilidade e de perda de tempo. No entanto, não é a rotina em si a responsável por esse meu estado interior. Eu é que me faço rotineiro, mal utilizando o tempo e perdendo as chances de melhorar de vida. Se souber aproveitar as horas, principalmente as vagas, e me exercitar na criação de algo útil, verei aparecerem as mudanças. Pensando bem, o serviço repetitivo traz-me benefícios, porque não me fadiga com dificuldades e me deixa espaço para pensar em coisas agradáveis. Por isso, venho pedir-Te que me inspires o bom entendimento, a criatividade e a disposição para descobrir os meios de progredir sempre, mesmo executando tarefas semelhantes todos os dias. Além do trabalho, importa-me rogar-Te abençoes a minha vida por inteiro, trazendo-me fé, saúde e paz. Obrigado! Obrigado!

- 82 -

Senhor!

Tenho andado apreensivo quanto ao futuro. Surge-me a impressão de que no dia de amanhã terei que lutar desesperadamente para sobreviver. Esta expectativa balança o meu espírito. Passo a não me sentir bem, desde hoje. Reflito, porém, que o meu hoje é o futuro do meu ontem e estou vivendo. Com um pouco de otimismo, concluo que no futuro estarei melhor do que hoje. O futuro terá suas atividades, seus cuidados, suas exigências. Mas estarei atento, a tempo e a hora, vibrando com a vida, buscando o perfeito equilíbrio de minha mente e enriquecendo-me dos bens morais e espirituais. Enxergo, agora, o futuro como valiosa oportunidade de aperfeiçoamento das minhas qualidades e um manancial de bênçãos e esperanças. Antevejo trabalho, prosperidade, alegria. Agradeço-Te esta compreensão, Senhor. Obrigado! Obrigado!

– 83 –

Senhor!

Nem sempre tenho sabido receber ofensas. Ora me recolho triste e infeliz, ora reajo violentamente. Falta-me o equilíbrio. A timidez, o descontrole, os impulsos, fazem-me sofrer. Quero corrigir este proceder, adestrar minhas forças e agir na hora certa. Para isso, recorro, agora, à meditação. Posto-me bem confortável e respiro profundamente. Transporto-me em pensamento à presença da pessoa a quem desejo perdoar. Vejo-a olhando-me de forma amorosa e dizendo ter-me em grande estima. Elimino, um a um, os pensamentos de desamor que me aparecem e encaminho-lhe palavras afetuosas, como que produzindo-se proveitoso diálogo mental. Digo para mim mesmo que, se essa pessoa, ou uma outra, vier a ofender-me saberei usar de argumentos sérios ou do silêncio, mas não me abalarei. Livro-me, assim, das cargas do ódio, desembaraço-me do espírito de vingança e desafogo o coração. Obrigado! Obrigado!

– 84 –

Senhor!

Afasta de mim o espírito de fraqueza, de pequenez, de mesquinhez, de incapacidade para subir alto e de alcançar coisas valiosas. Isso não se justifica. Se o ganho é pouco, sinto-me capacitado para funções mais altas. Se moro mal, tenho condições de residir melhor. Se o meu estudo é fraco, sou inteligente até ao conhecimento superior. Se me comporto com grosserias, vejo-me disposto refinar o sentimento. Se não sou o bom pintor, o bom professor, o bom médico, poderei sê-los. Não posso aceitar a redução da minha capacidade, julgar-me incompetente de ser mais do que sou. Reconheço-me com infinita grandeza interior; sou rico, belo e capaz. Não temo a pobreza, a necessidade, a falta de estudo, que são circunstâncias exteriores modificáveis. Minha grandeza interior provém da fé em Ti, Senhor. Por ela, chegarei à vida maior. Obrigado! Obrigado!

– 85 –

Ó Deus!

Venho estar Contigo. Sinto grande necessidade de segurança, de ânimo; falta-me um ponto de apoio, um local de resistência, tal como o palanque forte que eu pudesse enlaçar e ficar totalmente seguro. Para mim, Tu és esse palanque, esse marco, essa coluna forte e indestrutível. Tua eternidade, Teu poder, Tua bondade, Tua luz são imperecíveis. Sustentam-me, não me deixam desequilibrar, cair e me aniquilar. Neste instante, mentalizo a Tua presença, com todo empenho e começo a sentir bom resultado. Através deste vínculo de pensamento, atraio e se transferem para mim as energias de que careço. Agradeço-Te, da melhor maneira que posso, esta transfusão de força, esta segurança. Firmado em Ti, estou garantido em todos os lances da vida. Deus, eu Te encontrei! Obrigado! Obrigado!

- 86 -

Ó Deus!

Preciso de um ânimo consolador, vigoroso, que me preencha o ser e não me deixe abater frente as dificuldades. A falta de ânimo traz-me ideias destrutivas, leva-me ao cansaço, à desilusão, ao nada. Quando o ânimo chega é como uma luz e um perfume que vêm transportando o prazer de existir. A esperança, antes submissa e derrotada, reergue-se, rasgando os véus da prostração e da ignorância. Peço-Te, Pai, que sustentes o meu otimismo nas lutas da vida e levantes o meu espírito. Para manter boa e constante disposição, vou ao máximo nas minhas capacidades. Reconheço, desde agora, que sou possuidor de uma força íntima poderosa e o faço com sinceridade. Esforço-me na visão desta força e vou encontrando o ânimo. Tu me fortaleces para me manter de cabeça levantada, olhando para o alto, esperançoso, alegre e comunicativo. Obrigado! Obrigado!

– 87 –

Senhor!

O que me falta é estar realizado como pessoa. Não vejo outros motivos para a minha insatisfação. Tenho saúde e o de que necessito para viver. Mas sinto que algo não vai bem. Talvez as minhas forças não estejam sendo empregadas como deveriam. Careço de um objetivo de vida, de algo maior que me satisfaça o íntimo. Recorro a Ti. Entendo que a tarefa é longa, pois se trata do aprimoramento interior. Mas vou dar o passo que me predispõe para a caminhada. Em primeiro lugar, quero meditar seriamente sobre mim mesmo e reconhecer a minha capacidade, nascida da Tua presença em mim. Depois, com todas as forças, vou dedicar-me ao trabalho de chegar à perfeição. Preciso também dos outros e, nesse sentido, tudo farei para beneficiá-los, amando-os ao máximo. A satisfação que eu lhes proporcionar me dará prazer. E assim farei daqui para frente. Abençoa estes propósitos. Obrigado! Obrigado!

– 88 –

Senhor!

Ensina-me a não esperar recompensa pelo bem praticado. Nem mesmo um sorriso. As pessoas ficam felizes quando recebem algo de bom que lhes faço, mas nem todas se mostram agradecidas. Talvez se envergonhem ou não saibam como fazer ou retribuir. Compreendo que toda ajuda, orientação, atenção que dou, nasce de um amor, cuja origem está em Ti. Daí ser mais importante agradecerem a Ti do que o fazerem a mim, que sou intermediário. Compreendendo que só Tu mereces o agradecimento, liberto-me de exigências e de ressentimentos, o que me faz bem. Por isso, peço-Te forças para auxiliar mais e mais pessoas. Não será por falta de reconhecimento que deixarei de fazer o bem. Todos merecem ser auxiliados. Fortalece-me, pois, o espírito e anima a minha disposição para continuar ajudando os necessitados. De minha parte, agradeço-Te tudo o que me tens dado. Obrigado! Obrigado!

– 89 –

Senhor!

Mais um dia que começa. Tenho assuntos a resolver, providências a tomar, horários a cumprir, despesas e encargos. Este dia depende de mim. Se eu estiver calmo e prestativo, será agradável e útil; se ficar impaciente e raivoso, deixará em mim o abatimento e a revolta; se optar pela violência e a indiferença, restará a agressão e a apatia. Receberei dos outros o que lhes der. Se os presentear com um sorriso e palavras de estímulo, terei de volta apoio e compreensão. Peço-Te que me sustentes o espírito diante do inesperado e me mantenhas firme no contentamento e na paz. Tudo farei para não perder a calma, mesmo diante do olhar agressivo e da palavra rude. Perdoarei a todos, estarei sempre com o semblante tranquilo, distribuirei alegria, só verei qualidade e bondade nos outros. Com a alma reverente, lembrar-me-ei de Ti em todos os momentos. Obrigado! Obrigado!

– 90 –

Senhor!

Tenho que confiar mais em mim, ver o mundo com novos olhos e nova esperança. Necessito de uma renovação mental completa, que produza resultados até nos pequenos atos da vida diária. Acredito que a crença em mim mesmo é a chave do progresso. Confiar em mim significa apoiar e reconhecer as minhas forças e qualidades. Se me considerar um incapaz ou desprovido de tudo, sofrerei as más consequências dessas ideias e transmitirei pessimismo aos outros. Se me imaginar um pobre, serei um pobre; se doente, serei doente; se incapaz, serei incapaz. Mas, agora, com a Tua ajuda, eu me manifesto capaz, saudável, feliz. Esforçar-me-ei nesse sentido até que sinta, em toda plenitude, a concretização deste pensar. Agradeço-Te, hoje e sempre, o que sou, pois me queres ver feliz em alta escala. Obrigado! Obrigado!

– 91 –

Senhor!

Ajuda-me a combater o medo. Há o medo de enfrentar o perigo, de fazer errado, de ser desagradável, de chegar fora da hora, de fazer o que não deve, de estar ausente, de desistir da luta e tantos outros. São aspectos da falta de confiança em nós mesmos. Acredito que serei vencedor quanto mais confiar na minha capacidade. Como entendo que a confiança em mim é sustentada pela confiança em Ti, venho procurar Tua proteção. Arrimado em Ti, passo a confiar mais na capacidade dos meus olhos, dos meus ouvidos, da minha boca, dos meus pés, das minhas mãos e parto para a luta. Acredito sincera e fortemente que eles estão preparados para executar o melhor e creio na vasta capacidade da minha mente, da qual não utilizei ainda pequeníssima parte. Dotado de poderosa energia interna, tudo resolverei em paz e alegria, debaixo da Tua santa bênção. Obrigado! Obrigado!

– 92 –

Senhor!

Guardo ansiedades e angústias que, se as houvesse enfrentado antes, comigo não estariam. Tenho medo das reações alheias, pois acho que não me entenderão, nem me darão atenção. Por isso, recolho-me, escondo-me e fujo do contato, principalmente dos que têm autoridade sobre mim. Esta timidez amarra o meu progresso. Poderia estar em situação melhor, mas perdi oportunidades. Arrependo-me. No entanto, Senhor, eu tenho a Ti, com quem abro o meu coração e me confesso. Suplico-Te que me abençoes e me dês disposição e coragem. De posse dessas qualidades, enfrentarei os problemas, transformarei a minha vida, terei a alegria de ser vencedor. Compreendo que tenho uma força poderosa, que não usava. Agora, ciente de que estás comigo, reforçado e sustentado, avançarei com determinação e firmeza. Obrigado! Obrigado!

– 93 –

Senhor!

De comportamento inquieto, estou sempre buscando alguma coisa para fazer, mexer e remexer. A continuidade deste proceder consome as minhas forças, abala o sistema nervoso, aborrece-me. Anseio por instantes de tranquilidade, de meditação, de pacificação do espírito. Para obter este estado de alma, aproveito este momento para fechar os olhos, encher e esvaziar os pulmões, e mentalizar um lago tranquilo, de amplas proporções. Calmamente, diviso, ao longe, as suas margens e observo o movimento das águas em pequenas e serenas ondas. Deitando profundamente o olhar, constato o azul suave destas águas que encobrem até as pedras do fundo. Demoro-me o mais que posso na contemplação das águas azuis. O azul se projeta na minha direção, toca-me, envolve-me. Tudo passa a ser azul. Sigo mentalizando essa cor até sentir uma agradável sensação. Agradeço-Te a paz e a calma que me invadem. Obrigado! Obrigado!

– 94 –

Ó Deus!

Toma-me em Teus braços. Quando eu estiver inquieto, acalma-me. Se chegar a me revoltar ou a desesperar, equilibra-me. Se enxergar o mundo vazio, preenche-me com o Teu espírito. Se me sentir indeciso, orienta-me. Na hora da dúvida, esclarece-me. Se me faltarem as forças, revigora-me. Se o desânimo aparecer, anima-me. Se a tristeza se aproximar de mim, alegra o meu coração. Se eu ficar doente, envia-me a saúde. Para com os meus pais e os meus filhos, dá-me carinho, respeito e compreensão. Com os amigos, sinceridade e fraternidade e, frente aos que choram, atenção, generosidade e amor. Em todos os instantes, guia-me com a Tua luz, sustenta-me com mão vigorosa e cobre-me com a bênção e o poder que tens, a fim de que estes se manifestem em mim e me tragam a certeza de que estou resguardado de todo mal. Obrigado! Obrigado!

- 95 -

Senhor!

Gostaria de me comunicar melhor com os outros. Falar e ser compreendido. Muitas vezes, sou incompreendido por não saber transmitir o pensamento. Isso me limita e entristece. Pareço um incapaz. Mas, mediante a Tua bênção, superarei esse problema. Tornar-me-ei comunicativo e atrairei boas amizades. Amarei mais, resultando falar com mais sentimento e acerto. A fim de melhorar o sentimento, vou desenvolver uma atenção redobrada e ver nos outros o que têm de melhor, elogiá-los e calar a crítica destrutiva. Olhando amorosamente, falando com real amizade e sendo o companheiro de todas as horas, minha presença será bem aceita e solicitada. Os outros procurarão me ouvir e entender. Peço-Te, pois, que me inspires no aumento da minha capacidade de comunicação. Confiante em Ti, tornar-me-ei amoroso e todos terão prazer em estar junto a mim. Obrigado! Obrigado!

– 96 –

Senhor!

Preciso obter o autocontrole. Diante das circunstâncias adversas ou da pressa exagerada, muitas vezes escapa-me da boca uma palavra nervosa. Em consequência, deixa um rastro de insatisfação. Arrependo-me. Gostaria de saber comportar-me na hora difícil e de não me deixar levar no roldão dos acontecimentos. Para conseguir esta firmeza de comportamento tenho de asserenar o pensamento e manter viva a vontade de dominar-me. Compreendo isto. Necessito de força para consegui-los. E, para ter essa força, essa sustentação íntima, venho suplicar-Te ajuda. Quando ocorrer-me algo desagradável ou estiver diante de uma situação complicada, não me deixes ficar inerte; possuído, envolvido; sustenta-me o equilíbrio e a tranquilidade. A fim de me sentir seguro, reconheço estarem presentes em mim o Teu amor e o Teu poder. Convencido de que possuo a força, preparo-me intimamente com as condições de resistência. Obrigado! Obrigado!

– 97 –

Ó Deus!

Venho à Tua presença para acordar as forças que tenho adormecidas dentro de mim. Tu és o alimento dessas forças. Sem a compreensão de que possuo poder para despertar e robustecer estas forças, eu não posso ter êxito na vida nem ser uma pessoa verdadeiramente alegre e confiante. Quantas vezes, Pai, tenho desacreditado da minha própria competência? Quantas e quantas vezes tenho deixado de obter sucesso por não crer na minha própria capacidade? Ligo-me, pois, a Ti, neste momento e creio estar recebendo as virtudes que Tu tens em grau infinito. Transfiro para mim a vontade de vencer, a confiança, a paz. Entendo, agora, que sou feito da Tua essência e que sou verdadeiramente capaz. Posso vencer em todas as circunstâncias. Tenho força de vontade resistente. Nada me falta. Abençoa-me. Obrigado! Obrigado!

- 98 -

Ó Deus!

Não consigo encontrar-Te apenas nos templos. Eu Te encontro quando abro os olhos, quando falo, ouço e ando. Enxergo-Te, bem claro, no perfume da rosa, no som do trovão, na leveza do ar puro, na suavidade do vento, na pureza da água, na perenidade do riacho, na placidez do lago, na impetuosidade das ondas do mar, no instinto do cão fiel, na paciência do burro, na nuvem que passa, na chuva, na força da eletricidade, nas ondas do rádio e da televisão. Vejo-Te na semente que rompe a si mesma; no meu corpo, no fígado, que elimina as gorduras;

no coração, que pulsa; no cérebro, que pensa; na respiração, que traz vida. Vejo-Te no olhar das pessoas, no timbre de suas vozes, na atenção que me dão, nos olhinhos da criança, no andar do velho, na alvorada, no crepúsculo, na hora silenciosa, na inspiração, nos ideais superiores e Te pressinto na consciência. Obrigado! Obrigado!

– 99 –

Senhor!

Envia-me a Tua vibração, que me retira o medo de viver. Há momentos, Senhor, em que, por mais que eu queira ser diferente, dá-me um forte medo de viver. Tornam-se enfraquecidas as minhas energias e o mundo se me afigura negro. Parece-me que as pessoas vêm para me prejudicar, trazendo pedras nas mãos para serem atiradas contra mim. Mas tenho uma garantia, que és Tu, Senhor. Compreendo, perfeitamente, que esta minha meditação faz nascer de Ti uma poderosa energia transformadora, que chega, penetra e vibra no meu mundo interior. E assim é.

Passo a sentir-me uma criatura nova. Esta Tua energia, tal como uma bênção, vai firmando o meu pensamento e despertando um novo enfoque da realidade. Quanto mais me aproximo de Ti vou sentindo confiança nas minhas próprias forças, acreditando na minha capacidade e abrindo os olhos do espírito. Obrigado! Obrigado!

– 100 –

Ó Deus!

Inspira-me o coração neste instante. Que eu possa Te sentir atuando dentro de mim, conhecendo os meus mais íntimos pensamentos. São criações minhas, Pai, os maus pensamentos encravados na minha mente. Compreendo que tudo o que fizer de mal resultará em dor para o meu futuro, assim como o meu mau passado está agindo em mim hoje, trazendo-me amarguras e desilusões. Não quero pensar mais em coisas negativas. Quero libertar-me, ser diferente do que era antes, começar uma vida nova, tocada pelo Teu amor. E Te prometo, com todas as forças da alma, que, de agora em diante, serei melhor. Procurarei esforçar-me ao máximo para gostar das pessoas, mesmo das que não pensam como eu. Vou apreciá-las, valorizar as suas qualidades e silenciar ante os defeitos. Peço-Te as forças para concretizar estas intenções. Obrigado! Obrigado!

– 101 –

Senhor!

Tenho procurado a riqueza, sem a encontrar. Talvez porque busque a das posses, a do dinheiro e me tenha esquecido da verdadeira riqueza: a do meu mundo interior. Esta riqueza se consegue através da ampliação dos recursos da inteligência e do sentimento, como o amor. Traz um contentamento inexprimível, que nunca se acaba e sempre está a aumentar. É um sentimento de gozo, que abre as perspectivas de uma vida melhor. A posse material, ao contrário, extingue-se e deixa atrás de si a tristeza, a disputa, o egoísmo. Por isso, venho inspirar-me em

Ti para receber o Teu consolo e a Tua energia que me enriquecerão interiormente. Enriquecido, quero distribuir compreensão e bondade por onde passar, o que me proporcionará os sorrisos da retribuição. Dando e recebendo, alargo a estrada que me conduz a Ti. Obrigado! Obrigado!

– 102 –

Ó Deus!

Como é revigoradora a Tua presença dentro de mim! Em ondas poderosas, ela age em todos os caminhos do meu íntimo, extinguindo os focos de dor, frustrações, medos, ódios, nervosismos. Ainda não sei bem o que ela é, mas compreendo que tem importantíssimo valor para o resguardo do meu coração e o poder de me arrancar de dentro as imperfeições, tal como a escuridão é extinta com a chegada da luz. Eu me ligo, pois, a Ti, agora, pelos canais do pensamento e me robusteço em face da Tua atuação. Minha mente absorve a sublime energia e a encaminha aos pontos certos do corpo, tornando revigorados todos os órgãos e células. Estou plenamente convicto de que Tu me preenches de saúde, de alegria e de paz e isso me faz ficar preparado para a vida abundante. Obrigado! Obrigado!

– 103 –

Senhor!

A carência de dinheiro me angustia. Preciso de recursos, não para a riqueza, a ociosidade, o prazer, mas para o imediato: a alimentação, a vestimenta, a moradia, as despesas diversas. Mas devo trabalhar, confiar e esperar, e nisto me apoio. Diante de Ti, passo a compreender que, se as despesas tomam vulto, é porque me apequeno diante delas. Tenho que confiar em Ti, pois o de que preciso já está nas Tuas mãos, esperando o instante de vir a mim. Sou rico, sou Teu filho. São os meus pensamentos de miséria, de necessidade, de fraqueza que entravam a chegada dos recursos. Mas, a partir deste momento, eles me serão transferidos de acordo com as necessidades, porque me reconheço afortunado e esperançoso. Nada me faltará. Por maior que seja a dificuldade, a enfrentarei com força e decisão. Obrigado! Obrigado!

– 104 –

Senhor!

O desejo de posse quer reduzir-me à escravidão do querer mais, do nunca estar saciado. Isso vem-me aborrecendo. Vou usar, a partir deste momento, dos recursos da inteligência e me exercitar o mais possível para vencer essa ilusão. Compreendo que somente os bens da alma são verdadeiros, permanentes e os únicos a que devo aspirar. Possuo a inteligência, a força interior e a paz que me dão uma firmeza íntima que dispensa acessórios. Rejubilo-me nisso e rendo a Ti a devida homenagem. Como comandante das minhas necessidades, darei ao dinheiro o melhor destino e afasto para longe a ânsia de ter. Penso desta forma, com determinação e não voltarei atrás. Agradeço-Te o me haveres despertado a tempo, antes que o desejo de posse e a avareza houvessem completado o seu domínio sobre mim. Obrigado! Obrigado!

- 105 -

Senhor!

Tenho querido ser mais do que os outros. Tornar-me superior vem se constituindo numa dependência psíquica. Passo a sentir-me infeliz, quando não sobressaio. Tenho que vencer isto, sossegar o espírito e ficar em igualdade como os outros. Em pensamento, idealizo, neste instante, estar em meio a uma multidão, onde todos são iguais a mim. Imagino-me conversando com aquele que chega e me cumprimenta. Falamos na mesma altura, sem diferença alguma, sorrio e dele recebo um sorriso que me faz bem. Converso ainda com muitas outras pessoas, em nível de igualdade e me sentindo bem assim. Desta forma quero agir na vida prática, experimentar o prazer de ser igual. Suplico-Te que me abençoes e me equilibres o temperamento, dando-me as condições para levar avante esta intenção. Agradeço-Te, Senhor, por que me esclareces. Apenas Tu estás acima de tudo. Obrigado! Obrigado!

– 106 –

Senhor!

Dá-me forças para não sentir cansativo o trabalho. Tenho experiência de que o serviço feito com desânimo, tristeza, má vontade, é sacrificial e enfadonho. Trabalhar alegremente, com a mente sem tensões, faz as horas correrem e chegar logo o momento de voltar para casa. Se pensar que ganho pouco, que meus patrões e chefes são exigentes demais, que sou injustiçado, que deveria estar em melhor posição, desperto uma revolta prejudicial. Para trabalhar contente, venho pedir-Te forças e esclarecimento. Preciso firmar a compreensão de que os outros me querem bem, são meus amigos, precisam de ajuda; é um prazer servi-los. Desperta-me, pois, com intensidade, a vontade de levar sementes de bondade para a minha oficina de trabalho, vendo-a como uma oportunidade de crescimento do meu caráter e bem-estar íntimo. Obrigado! Obrigado!

– 107 –

Ó Deus!

Quero sentir-Te pulsando dentro de mim, sustentando o meu coração, pegando-me pela mão, orientando os meus passos, dirigindo o meu pensamento. Tu és a alegria da minha vida, o esplendor dos céus. Sem Ti, sou como a folha murcha, a pétala caída, o fruto apodrecido; sou pobre, fraco, triste. Mas, com a Tua divina presença, que me suporta e incentiva, sinto acender, no mais profundo do meu ser, a luz da esperança, que me restaura as forças. Esta luz da esperança vai, aos poucos, tomando conta de mim, dinamizando o meu cérebro, descerrando véus, refreando o ímpeto nervoso, trazendo paz. Rogo-Te que participes de todos os dias da minha vida, trazendo-me luz, entendimento, sabedoria. Assim, de nada mais estarei carente. Tudo Te agradeço. Obrigado! Obrigado!

- 108 -

Senhor!

Preciso de um emprego. Há os que o tem mas se sentem inseguros, temendo perdê-lo. Comigo acontece o contrário. Mesmo desempregado, não me sinto vazio ou incapaz. Com esforço, aprofundo o pensamento e me reconheço com força e energia suficientes para bem desempenhar o emprego que vier. Tenho a capacidade e não vacilo nesta forma de pensar. Faço agora um exercício mental e imagino-me arrumando o emprego que desejo. Vejo-me entrando em contato com o responsável pela admissão, que me olha, aceita-me e me entrega a função que vou desempenhar. Recebo-a com prazer e me transporto para o local das tarefas, executando-as com alegria. Demoro-me na contemplação desta realidade mental. Respiro profundamente, retenho e solto o ar calmamente. Farei este exercício o quanto precisar. Sou agradecido. Estas ondas mentais se tornarão realidade. Obrigado! Obrigado!

– 109 –

Senhor!

Ocupo-me com muitas coisas. Trabalho, ando, tomo providências. A correria, a necessidade de agir, de vencer, é um forte hábito a me impedir os momentos de reflexão, de carinho e de amor. Fico tal uma máquina, automático, frio e isto me traz desagrado. Assim, busco em Ti a inspiração para saber dividir o meu tempo e distribuir amor, começando pelos que estão ao meu lado. Ao fazer esta reflexão, passo a sentir-me possuído de nova atmosfera mental e a compreender que a edificação do amor precisa da prática. Venho encontrar em Ti a serenidade.

Calmo e amoroso, observo que a vida tem um sentido mais alto do que o da luta material e pede o desenvolvimento das minhas qualidades espirituais. Para ampliá-las, reconheço-me, neste justo momento, ser Teu filho, a quem amas e destinas um futuro ameno e venturoso. Obrigado! Obrigado!

- 110 -

Senhor!

Hoje eu acordei preenchido de alegria. Sinto a satisfação da Tua presença! O meu espírito Te exalta! Toca-me uma vibração que não posso descrever, que me faz ver o mundo com doçura e paz. Este maravilhoso estado de alma abre-me o entendimento sobre a grandeza interior das outras pessoas. Enxergo-as na importância e nas infinitas potencialidades que têm para alcançarem um grau elevado de sabedoria e amor. São minhas irmãs, merecem a minha atenção, o meu cuidado. Tomado por esta alegria, venho dizer-Te, Senhor, que sou profundamente agradecido ao Teu poder, que me fez como sou. Agradeço a todas as coisas passadas e ao meu futuro que, pressinto, será de alegria, entendimento e paz. Submeto-me satisfeito à Tua vontade, como a voz que me fala na consciência. Obrigado! Obrigado!

- 111 -

Ó Deus!

Estou preenchendo-me da Tua sublime energia. Quando isto acontece, é como se todo o meu ser se iluminasse e passasse a ver tudo melhorado. Esta minha ligação Contigo se assemelha à introdução dos fios do Teu amor na tomada da minha consciência. A minha consciência recebe a Tua elétrica energia, resultando em iluminação íntima. Vejo, agora, o mundo com amor. Compreendo que todos nós erramos, quando apartados de Ti. Estou convicto de que a perfeição, a paz, a alegria são alcançáveis, desde que fiquemos ligados a Ti. O Teu amor tudo vibra e vivifica, produzindo a saúde abundante, a firmeza de pensamento, a esperança indestrutível, a grandeza do caráter. Traz o bem. Obrigado, Deus. Agora Te compreendo um pouco. Dá-me inteligência e paz contínuas para louvar-Te sempre. Obrigado! Obrigado!

- 112 -

Ó Deus!

Preciso direcionar melhor o meu pensamento. Chego a esta conclusão por uma força imperativa que age por dentro de mim, mostrando-me como estou errado, impulsionando-me para uma nova vida, exigindo-me cumprir o que decidir agora. Ante esta límpida compreensão, não posso seguir pensando como me sugerem as conversas fúteis, as novelas, os filmes, os vícios, a forma de vida grosseira e imediatista. Devo pensar positivamente e assim o farei. Se os outros mentem, não mentirei; se caluniam, não caluniarei; se dizem palavras rudes, não as usarei; se enganam, não enganarei; se roubam, não roubarei; se não respeitam o próximo, respeitá-lo-ei. Não agirei no mal, que traz como consequência o arrependimento, a doença, a dor. Trilharei meu caminho de acordo com a Tua vontade. Abençoa-me e fortalece-me nestes objetivos de paz e crescimento interior. Obrigado! Obrigado!

– 113 –

Ó Deus!

Só agora venho conversar Contigo. Perdi muito tempo sem Te procurar, deixando-Te sempre por último. Tu que és aquele que eu deveria buscar em primeiro lugar. Perdoa-me. Talvez eu tenha agido assim porque estás silencioso. Não apareces ostensivamente, como as pessoas. Mas és Tu que tudo criaste, o céu, a terra, o mar, o ar, as árvores, as montanhas, o planalto. E não fizeste nada para nos prejudicar. Compreendo, Pai, que o mal é obra das pessoas. Não me deixes nele cair. Tu me fizeste para ser feliz, assim como aos outros, que são meus irmãos. Por isso, peço-Te que me dês muita força, para só pensar no que é bom e amar a todos, vendo-lhes somente as qualidades. Agradeço-Te o que sou; o meu pensar, o meu sentir, os meus pés, as minhas mãos. Que os ponha a bem dos outros. Obrigado! Obrigado!

– 114 –

Senhor!

Dá-me a pureza de espírito. Afasta de mim o vício, o nervosismo, a indolência, a malquerença, a ganância, a prepotência, o desrespeito aos outros. Que a minha alma seja branca como a neve e cristalina como água; vibre com a Tua bênção que fortalece, reconforta e contenta. Que, por onde eu for, carregue a mensagem da paz bem dentro de mim, indicando-me a rota acertada, revestindo-me de paciência e refinado espírito, olhando os meus irmãos diretamente nos olhos, ouvindo-os com atenção, transmitindo-lhes alegria e serenidade. Para tal, sustenta-me o ânimo e livra-me dos maus pensamentos, cala-me a crítica destrutiva, frutifica no meu coração as sementes de sabedoria e amor, põe no meu peito um hino de esperança. Agradeço-Te a riqueza deste ensinamento. Obrigado! Obrigado!

– 115 –

Senhor!

Ouço falar de virtudes, como bondade, humildade, generosidade. Pouco tenho visto isto nas pessoas, talvez porque nelas não as procure, como deviam. Pensando claramente, deduzo que, se são Tuas filhas, devem possuir as sementes da Tua paternidade, como força que lhes dá a vida e nos faz irmãos. Talvez, por estarmos desavisados desta realidade, não respeitemos uns aos outros, gerando a situação atual. Eu gostaria de que houvesse a prevalência dessas virtudes, de que as pessoas se respeitassem e vou começar por mim. Ajuda-me, não permitas que eu fique a anotar defeitos e mais defeitos, a ver como mentem, como fazem o mal, como se enganam, como são fracas. E que eu sempre chegue trazendo um pouco de amor, de onde sai algo agradável para elas. Vou me esforçar para ter, pelo menos, este pouco de amor e evitarei o atrito, a ironia, a crítica. Obrigado por esta reflexão. Obrigado! Obrigado!

— 116 —

Ó Deus!

Fortalece o meu domínio da vontade. Não gostaria de mentir, mas, quando vejo, estou dizendo o que não é verdadeiro. Não gostaria de ofender, mas, quando menos espero, estou a machucar alguém. Não gostaria de relaxar o trabalho, mas, por preguiça, não faço como deveria. Não gostaria de falar mal das pessoas, mas, por descontrole, solto o comentário maldoso. Não gostaria de reclamar da vida, mas, por pequena coisa, estou achando tudo ruim. Não gostaria de me desesperar, mas, à menor provocação, perco a paciência. Não gostaria de ser vaidoso, mas, a qualquer exigência do sexo ou do dinheiro, porto-me mal. Não gostaria de ser fraco, mas, desavisado, nem sempre cumpro o prometido. Quero ser digno de Ti, meu Pai. Sustenta a minha alma e levanta o meu pensamento para que, daqui para frente, eu tenha forças para ser diferente e conquistar a paz de espírito. Obrigado! Obrigado!

– 117 –

Ó Deus!

Venho procurar-Te, colocando minha alma em Tuas mãos. Entrego-me a Ti, Pai. Sou um Teu filho que anda pelo mundo, trabalhando e aprendendo. Quero, agora, fazer chegar até a Ti o meu pensamento de amor. E, por esse amor, dá-me força para perdoar os outros. Que sinta neles meus verdadeiros irmãos, não note os seus defeitos, nem o que disserem ou fizerem venha a me provocar revolta. Ajuda-me, também, a amar meus familiares, meus amigos, meus chefes e subordinados, sentindo que Tu estás dentro deles, como estás em mim. Tua energia vivificadora flui para dentro de mim e me anima. Que, por ela, eu possa resistir à ambição, ao orgulho, à vaidade e alcançar a paz. Abençoa-me, neste momento, pois que me amas. Agradeço-Te a minha vida; tudo o que faço e o que se passa comigo. Obrigado! Obrigado!

– 118 –

Ó Deus!

És um infinito reservatório de energia. Poderosíssima energia que mantém todos os seres e coisas. Também assim ela é para o meu mundo íntimo. Levanta as forças caídas, sustenta o pensamento vacilante; conforta o coração oprimido, faz brotar a saúde no corpo. Venho, confiante, abastecer-me dessa preciosa energia. Penso em Ti, agora. Refreio os maus pensamentos e faço um quadro mental, no qual vejo a energia fluindo para dentro de mim, como uma luz que ilumina o ambiente escuro. Sou tocado por essa luz. Sinto que a vida, que vem de Ti, percorre as minhas veias. E considero-me, a partir deste instante, sem problemas. Os problemas que me perturbavam foram dissipados pela divina energia. As aflições desapareceram, encontro-me livre. Sinto-me mais Teu filho. Obrigado! Obrigado!

– 119 –

Ó Deus!

Tenho ânsia de Te ver e admirar. Para isso, basta fechar os olhos, pensar em Ti e, como estás dentro de mim, sentirei de logo a presença do Teu amor puro e verdadeiro em que posso confiar plenamente. Essa visão interna me alegra e me faz ver-Te, também, presente nos outros, sentindo-os como verdadeiros irmãos. Quero desenvolver mais esta capacidade que me fortifica as raízes espirituais. Quero encontrar-Te em tudo; na primeira face que se virar para mim, no aperto de mão, no olhar, no timbre de voz, no vento leve, na água pura, na árvore florida, na luz do sol, no luar silencioso, no animal mais pequenino. Abre-me, pois ó Deus, o coração na reverência completa, acalenta o me espírito na fé, ilumina-me, deixa-me ficar preenchido de alegria e paz. Obrigado! Obrigado!

– 120 –

Senhor!

Dá-me a disposição para trabalhar. Parado, minha capacidade de luta se extingue em descontentamento e desânimo. Tu trabalhas, bem sei. A comida, o vestuário e tudo o de que necessito, vem pelo trabalho. Para ter a força da ação, preciso de coragem, dar o primeiro passo e confiar que posso dá-los o quanto quiser. Obtenho coragem e confiança mentalizando, agora, o meu trabalho, como uma fonte de libertação e prazer. Imagino-me lidando com pessoas, atendendo-as diligentemente, dando e recebendo amor. Esse trabalho é agradável, preenche-me o vazio do coração, abre-me as esperanças do futuro, desperta-me maior fé no Teu poder e no Teu amor. Resisto à ideia de que o trabalho é penoso e estéril. Agradeço-Te esta abertura mental e, resoluto, venço a indolência e a inércia. Obrigado! Obrigado!

- 121 -

Ó Deus!

Acredito que Tu tens o poder de modificar a vida de qualquer um que, com sinceridade, recorrer a Ti. Em Tuas mãos repousa o equilíbrio do mundo, delas sai todo o amor de que as pessoas precisam. Acima de tudo, reconheço em Ti o meu Pai, a minha origem. O amor que vem de Ti pode fluir para dentro do meu ser como uma torrente de bênçãos, invadindo as células. Apesar disto, os problemas materiais ainda acabrunham a minha mente, deixam-me abatido, triste, desesperançoso. Por isso, suplico-Te que coloques a Tua mão sobre a minha cabeça e que, a partir deste instante, eu não veja mais a existência de problemas diante de mim, crendo firmemente que, para tudo, há solução. Confiando, eu Te digo que, de verdade, não tenho mais problemas, porque, dentro de mim, está a Tua força. Obrigado! Obrigado!

- 122 -

Ó Deus!

Toca-me o entendimento e o coração, para que eu possa achar em Ti a paz, o equilíbrio, a alegria; possa louvar-Te com todas as forças e compreenda que o Teu poder é infinito, que transformas as situações, elevas as pessoas, despertas a felicidade. De Ti, pois, neste momento, venho louvar a grandeza e o amor infinitos e suplicar-Te que derrames raios de luz sobre todas as criaturas do mundo. Que a Tua divina luz se espraie sobre todas as cabeças, para que ninguém fique abandonado, nem dela se sinta despojado. Sustentados por Ti, que possamos todos caminhar com passos firmes e pensamento elevado, cônscios de que tudo podemos. Agradeço-Te a bênção que nos transforma em irmãos e nos dá a oportunidade de viver melhor. Obrigado! Obrigado!

– 123 –

Pai Celeste!

Venho aqui, à Tua presença, para reconhecer a minha divina filiação. Sou realmente Teu filho, mas não tenho Te procurado. Ocupo-me, Pai, com todas as outras coisas da vida: divirto-me, trabalho, estudo, pratico esportes, relaciono-me com meus parentes e amigos. Minha mente está sempre ocupada em viver, ganhar dinheiro e conseguir melhorias materiais, assim como muitos fazem. Esqueço-me de Ti. Mas, hoje, ante este forte desejo de alcançar a paz e a alegria, lembrei-me de que só a Tua bênção, a Tua luz, a Tua energia são capazes de abrir-me as portas da felicidade. Por isso, venho, arrependido mas feliz, porque inicio uma nova vida. Sou Teu filho. Tu estás em mim. Amplio minha união Contigo quanto mais entendo que as Tuas virtudes – bondade, harmonia, alegria, sabedoria – estão plantadas dentro de mim. Obrigado! Obrigado!

– 124 –

Ó Maria!

O senhor é Contigo. És Santíssima, cheia de graça, pureza, beleza e luz. És sentimento vivo, a mãe do Cristo, consolo dos que choram. Em todo o mundo, levantam-se as mentes a louvar-Te ou a suplicar-Te ajuda. No contato do Teu amor, o meu erro se converte em esperança, a minha fraqueza vira fortaleza e a minha angústia torna-se prenúncio de paz. Tu me dás sentido à vida, envolves-me numa vibração tão meiga que me faz esquecer o mal. Nasce em mim uma vontade de ser honesto, de ser verdadeiro, de ser cumpridor dos meus deveres; renasce a fé no amanhã. Passo a sentir mais vontade de viver, de seguir para a frente com alegria, de amar intensamente. Por tudo isso, sou-Te muito agradecido. Como sei que me esperas no céu, quero dar o melhor de mim em favor dos outros para que, um dia, possa contemplar-Te e beijar as Tuas santas mãos. Obrigado! Obrigado!

- 125 -

Senhor!

Faze de mim um homem novo, sem as imperfeições que carrego. Essas imperfeições abafam o meu pensamento, torturam a minha consciência, sufocam o meu espírito. Estão na utilização da mentira, quando podia ser firme na verdade; na satisfação dos sentidos, sem os imperativos do espírito; na procura do ganho fácil, na vinculação da mente à violência, na busca da sensualidade, no desprezo ao pensamento religioso, na falta de atenção para com os que me procuram, no desejo de tirar vantagens. Cansei-me do materialismo e do egoísmo que me corroem por dentro e me embotam as possibilidades de progresso. Quero, agora, volver o meu olhar para as paragens tranquilas da espiritualidade, ser amoroso, verdadeiro, esperançoso. Para conseguir esta nova posição mental, peço-Te bênção e ajuda, luz e entendimento. Fortalece, pois, a minha disposição íntima e edifica a minha paz. Obrigado! Obrigado!

Esse pequeno livro de bolso é um verdadeiro manual de auto-ajuda que pode ser lido ao acaso durante várias vezes ao dia. Em cada página, o leitor encontrará inesgotável fonte de otimismo, fé, ânimo e esperança, renovando-lhe as energias frente aos encontros e desencontros da vida.

7,5x11 cm | 256 páginas | Mensagens

17 3531.4444 | boanova@boanova.net

Pequeno livro de bolso que traz em seu conteúdo mensagens de otimismo e reflexão, despertando no leitor sentimentos de entusiasmo, alegria e encanto de viver. Nas páginas dessa obra, o leitor encontrará ainda um bálsamo reconfortante, sobretudo diante dos problemas e dificuldades que vivenciamos em nosso dia a dia.
8x11 cm | 160 páginas | Preces

17 3531.4444 | boanova@boanova.net

Av. Porto Ferreira, 1031
Parque Iracema
CEP 15809-020
Catanduva-SP

www.**boanova**.net
boanova@boanova.net

📞 17 3531.4444
💬 17 99257.5523
📷 @boanovaed
f boanovaed
▶ boanovaeditora

Acesse nossa loja

Fale pelo whatsapp